Gerhard Poggenpohl

Süßwasser-Fischküche

- Neue Rezeptideen nicht nur für Angler
- Abwechslungsreiche Gerichte mit heimischen Fischen
- Mit ausführlichen Schritt-für-Schritt-Anleitungen

AUGUSTUS

Inhalt

Abkürzungen

EL	= Esslöffel	g	= Gramm
TL	= Teelöffel	cm	= Zentimeter
Msp.	= Messerspitze	mm	= Millimeter
l	= Liter	Ø	= Durchmesser
ml	= Milliliter	TK-	= Tiefkühl...
kg	= Kilogramm	°C	= Grad Celsius

Tipps für die Küchenpraxis

Unser Ernährungsbewusstsein hat sich in den letzten Jahren stark verändert. Immer mehr Menschen wollen sich leicht, fettarm, abwechslungsreich und gesund ernähren – und dabei gleichzeitig genießen. Bei der Fülle des Nahrungsmittelangebots ist Fisch ein ideales Lebensmittel, das genau diesen Ansprüchen gerecht wird. Denn Fischfleisch hat einiges zu bieten: Es ist reich an hochwertigem Eiweiß, Spurenelementen, Mineralstoffen und Vitaminen. Frischfisch enthält kaum Cholesterin, dafür aber jede Menge mehrfach ungesättigte Fettsäuren. Zudem ist er leicht verdaulich und kalorienarm.
Gerade die heimischen Süßwasserfische erfüllen unsere Ansprüche besonders gut. Ihr Vorteil außerdem: Sie haben meist keine langen Transportwege hinter sich und profitieren von sauberen Lebensräumen. Auf Grund gezielter Umweltmaßnahmen haben unsere Flüsse und Seen in den letzten Jahrzehnten gute bis sehr gute Wasserqualität erreicht, in denen Süßwasserfische optimal gedeihen können.

Fisch ist besonders leicht verdaulich. Selbst das üppigste Fischgericht am Abend belastet Ihren Organismus kaum.

Auf die Qualität kommt es an

Wenn Sie leidenschaftlicher Angler sind und Ihren Fisch selbst angeln, ist alles ganz einfach. Sie wissen, wann der Fisch gefangen wurde, und das ist das beste Qualitätssiegel.
Wenn Sie den Fisch allerdings beim Fischhändler um die Ecke oder im Supermarkt kaufen, dann sollten Sie auf Nummer sicher gehen und einige Qualitätsmerkmale besonders aufmerksam beachten. Geruch und Aussehen spielen die wichtigste Rolle. Frischer Fisch riecht angenehm, zu lange gelagerter Fisch unangenehm ammoniakartig. Sehen Sie sich den Fisch Ihrer Wahl genau an. Sind die Augen noch prall und glasklar und die Kiemen schön rot? Auch die Haut ist ein gutes Indiz für Frische. Die Schuppen müssen fest anliegen, die Haut sollte glänzen, keine Druckstellen aufweisen, und der Schleim sollte durchsichtig und klar sein. Bei langer Lagerung dagegen wird die Haut trocken und matt.

Fisch richtig einkaufen

Achten Sie auf das Gesamtangebot Ihres Fischhändlers. Das Fischgeschäft Ihrer Wahl sollte nicht nur Fischfilets anbieten, sondern auch ganze Fische im Angebot haben. Bei Fischfilets können Sie den Frischetest nicht so einfach durchführen. Doch auch hier gibt es einige Orientierungshilfen. Frische Filets sehen prall aus und haben ein glasig schimmerndes Fleisch. Die Ränder sollten möglichst nicht angetrocknet oder verfärbt sein.
Wenn Sie nicht an einem größeren Gewässer wohnen, wo es Berufsfischer gibt, die ihren Fang zum Verkauf anbieten, suchen Sie sich eine Fischzucht in Ihrer Nähe, denn gute Fischzüchter gibt es in ganz Deutschland. Lassen

Sie sich gleich vor Ort den Fisch ausnehmen, die Kiemen entfernen und, wenn nötig, den Fisch auch sofort schuppen.

Je frischer, desto besser

Fisch sollte nicht nur von hervorragender Qualität sein, sondern auch immer frisch zubereitet werden. Deshalb sollte vom Fang oder Kauf bis zur Zubereitung nicht zu viel Zeit verstreichen, und vor allem sollten Sie den Fisch in dieser Phase stets gut kühlen. Am besten gehen Sie folgendermaßen vor:

- Waschen Sie den Fisch zu Hause noch einmal gründlich, vor allem im Bauchraum.
- Wenn der Fisch noch die Kiemen hat, diese entfernen.
- Legen Sie den Frischfisch in einen ausreichend großen Behälter und decken ihn mit Klarsichtfolie ab. So verpackt hält er sich im Kühlschrank maximal zwei Tage frisch.

Auch die drei großen »S« – Säubern, Säuern, Salzen – haben in der Fischküche nach wie vor ihre Gültigkeit. Auf jeden Fall sollten Sie frischen Fisch sorgfältig säubern, wobei Sie alles ausgetretene Eiweiß unter fließendem, kaltem Wasser entfernen und die Bauchhöhle gründlich ausspülen. Im nächsten Schritt, dem Säuern, sorgen Sie mit frisch gepresstem Zitronen- oder Limettensaft dafür, dass das Fischfleisch fest bleibt und einen angenehmen Geschmack bekommt. Zum Schluss wird nur noch mit etwas Salz gewürzt.

Ideale Garmethoden

Blaukochen

Das Blaukochen ist eine beliebte Methode, um Süßwasserfische mit Schleimschicht im Ganzen zu garen. Saiblinge, Lachsforellen oder Karpfen lassen sich auf diese Weise schonend und kalorienarm zubereiten. Blau wird der Fisch durch die Schleimschicht, die Sie beim vorherigen Waschen nicht verletzen dürfen.

> **Tipp**
>
> **Messer, Brettchen und sämtliche Utensilien, die Sie zum Vorbereiten der Fische brauchen, sollten Sie nach dem Säubern immer zuerst mit kaltem Wasser abwaschen, um das Fischeiweiß zu entfernen. Mit diesem schlichten Trick vermeiden Sie unangenehmen Fischgeruch. Danach können Sie die Utensilien wie gewohnt heiß abwaschen.**

Pochieren

Pochieren ist genauso schonend wie Blaukochen. Der kleine Unterschied – die Fische müssen keine Schleimschicht haben. Durch langsames Ziehenlassen im heißen Sud wird der Fisch gegart. Ideal sind Temperaturen unter dem Siedepunkt – am besten zwischen 70 und 95 °C.

Dämpfen

Beim Dämpfen wird der Fisch im Wasserdampf oder auf einem Gemüsebett gegart, wobei Aroma und Nährstoffe optimal bewahrt werden. Sie benötigen einen Topf mit Sieb- oder Dämpfeinsatz, so dass der Fisch nicht mit der Kochflüssigkeit in Berührung kommt.

Dünsten

Zarter, aromatischer Fisch wird gedünstet – im eigenen Saft, mit wenig oder gar keinem Fett und das in kürzester Zeit. Alles, was Sie dazu brauchen, ist ein Topf mit einem sehr gut schließenden Deckel.

Schmoren
Ganze Fische und Filets lassen sich wunderbar schmoren – eine Kombination aus Braten und Dünsten. Nach dem Anbraten in Fett wird Flüssigkeit – Fischbrühe, Wein oder Sahne – dazugegeben, dabei entsteht die Basis für eine köstliche Sauce.

Braten
Filets und kleine Fische, die knusprig braun sein sollen, werden in heißer Butter oder in Öl gebraten. Die Temperatur darf nicht zu hoch sein, da das Fleisch sonst trocken wird.

Backen
Fisch und andere Zutaten werden in eine hitzebeständige Form gelegt, mit Flüssigkeit übergossen und im heißen Backofen gegart. Sie können den Fisch aber auch in einen Teigmantel hüllen oder in einer Salzteigkruste verpacken und auf einem Backblech in den Backofen schieben.

Fische schuppen

Bevor Sie Fisch schuppen, sollten Sie insbesondere beim Hecht, Barsch und Zander die Rückenflossen mit einer Schere abschneiden, um Verletzungen beim Schuppen zu vermeiden. Beachten Sie aber:
• Nicht alle Fische müssen Sie schuppen: Bei Fischen mit einer Schleimhaut, z.B. bei Forelle, Saibling, Schleie oder Hecht, ist diese Vorbereitungsmaßnahme nicht nötig. Bei diesen Fischen müssen Sie darauf achten, die Schleimhaut beim Waschen nicht zu zerstören.
• Das Schuppen entfällt auch fast immer, wenn Sie den Fisch beim Fischhändler gekauft haben – dieser bietet meist geschuppte Fische an.

In unseren Rezepten gehen wir von bereits geschuppten und küchenfertig ausgenommenen Fischen aus.

Fische filetieren

1. Den Fisch mit einem Küchentuch am Schwanz festhalten und mit einem großen, schweren Messer vom Schwanz zum Kopf hin abschaben.

2. Mit einem scharfen Messer den Fisch hinter den Kiemen auf beiden Seiten bis zur Mittelgräte quer einschneiden.

3. Mit einem scharfen Messer vom Kiemenschnitt aus in Richtung Schwanz an der Mittelgräte entlangschneiden, dabei nach und nach das Filet ablösen. Das gleiche auf der anderen Seite wiederholen.

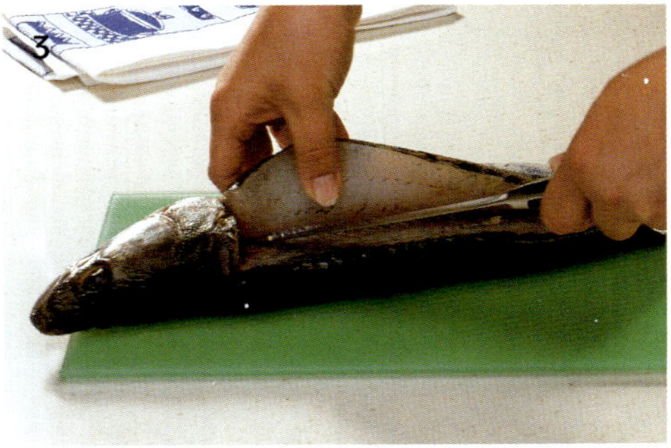

4. Flache Gräten im Filet mit dem Messer entfernen. Dann mit einer Fischpinzette oder einer kleinen Zange die senkrecht stehenden Gräten aus den Filets ziehen.

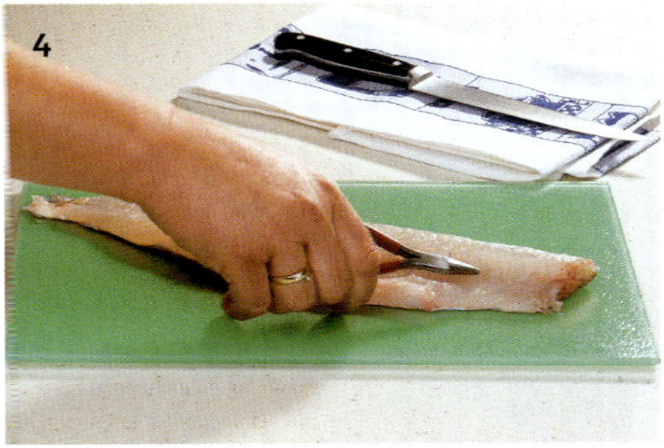

5. Die Haut am Schwanzende ein kleines Stück vom Filet lösen. Die Haut mit einem Küchentuch fest halten und gegen ein scharfes Messer abziehen.

Praktische Küchenhelfer

In passenden Töpfen und Pfannen gelingen Ihre Fischgerichte viel leichter. Im Fachhandel finden Sie ein großes Angebot an Töpfen, Pfannen und sonstigen Küchenhelfern. Wenn Sie oft Fisch zubereiten, lohnt sich die Anschaffung einiger spezieller Küchengeräte auf jeden Fall:

- Verwenden Sie eine Fischpinzette oder eine kleine Zange, um kleine Gräten aus den Fischfilets zu entfernen.
- Praktisch ist ein feinmaschiges Spitzsieb, das Sie zum Durchpassieren von Fischbrühe und Fischfarcen verwenden können.
- Ideal zum Garen im Wasserdampf ist ein Dämpfeinsatz, den Sie stufenlos auf jede Größe Ihrer Töpfe einstellen können.
- Zum Dämpfen oder Dünsten von ganzen Fischen ist eine große Kasserolle mit Siebeinsatz empfehlenswert.
- Mit einem gebogenen Pfannenheber haben Sie leichtes Spiel beim Wenden der Fische.
- Mit einem Mixer oder Pürierstab können Sie Fischfarcen schnell und in jeder gewünschten Konsistenz herstellen.

Süßwasserfische auf einen Blick

Alle Fische, die in Seen, Teichen und Flüssen oder Bächen beheimatet sind, werden unter dem Begriff Süßwasserfische zusammengefasst. Die Zuordnung ist nicht immer klar und eindeutig. Salzwasser würde jedoch für die meisten von ihnen den Tod bedeuten. Ausnahmen sind Wanderfische, beispielsweise Aale und Lachse.

Salmoniden

Salmoniden nennt man eine artenreiche Raubfischfamilie, deren gemeinsames Kennzeichen eine Fettflosse zwischen Rücken- und Schwanzflosse ist. Sie leben nur in sauberen Gewässern, sind sehr aromatisch und haben wenig Gräten.

Äsche
Die Äsche hat Ähnlichkeit mit dem Felchen, ist aber etwas größer. Das Fleisch ist geschmacklich ausgezeichnet, nicht zu trocken und für alle Zubereitungsarten geeignet.

Bachforelle
Die Bachforelle lebt in schnell fließenden Gewässern und hat ein festes und aromatisches Fleisch. Sie eignet sich für alle schonenden Zubereitungsarten. Geräuchert ist sie jedoch allen anderen Forellenarten vorzuziehen.

Bachsaibling
Der Bachsaibling zählt zu den Edelfischen. Sein lachsfarbenes Fleisch ist fest, zart und sehr wohlschmeckend. Es sollte immer schonend zubereitet werden. Die Färbung von Fleisch und Bauchhaut richtet sich nach Geschlecht, Alter und Aufenthaltsort des Fisches.

Felchen
Der Felchen ist auch unter »Renke« oder »Maräne« bekannt. Er hat ein weißes Fleisch mit einem hervorragenden Aroma. Allerdings ist es etwas trocken, deshalb sollten Sie bei der Zubereitung das fehlende Fett durch Butter ersetzen. Felchen eignen sich zum Braten und Backen.

Huchen
Der Huchen gehört zur Lachsfamilie und lebt in schnell fließenden, sauberen Gewässern in Gebirgsnähe. Er wird bis zu zwei Meter lang. Sein Fleisch ist weiß und sehr aromatisch.

Regenbogenforelle
Die Regenbogenforelle ist eine schnell wachsende Forellenart. Wird dem Futter Karotin beigemischt, bekommt das Fleisch eine rötliche Färbung, und die Regenbogenforelle verwandelt sich in eine Lachsforelle.
Die wild in Flüssen lebenden Lachsforellen haben ein natürlich rötliches Fleisch, was auf einen speziellen Nahrungsbestandteil zurückzuführen ist – auf den Bachflohkrebs. Die Regenbogenforelle eignet sich für alle bekannten Zubereitungsarten. Durch die rötliche Färbung des Fleisches isst das Auge mit.

Seeforelle
Die Seeforelle ist eine Bachforelle, die durch ihren größeren Lebensraum bis zu 1,4 Meter werden kann. Sie wird wie die Bachforelle zubereitet.

Seesaibling
Der Seesaibling überzeugt durch ein weißes, festes, wohlschmeckendes Fleisch mit viel Aroma. Seesaibling lässt sich auf viele Arten zubereiten.

Weißfische

Zur Familie der Weißfische (Cypriniden) gehören alle karpfenähnlichen Fische. Da sie in der Regel sehr viele Gräten haben, werden sie nicht sehr geschätzt. Das liegt aber auch daran, dass die wenigsten über ihre vielseitigen Verwendungsmöglichkeiten in der Fischküche informiert sind. Ob dünsten, dämpfen oder braten – für Weißfische eignen sich alle Garmethoden. Eher unbekannt sind Arten wie Alet, Brachse, Döbel, Güster, Nase, Rapfen oder Rotfeder. Die bekannteren Fische werden hier einzeln vorgestellt.

Barbe

Die Barbe ist ein reiner Flussfisch. Die Färbung des Fleisches reicht – wie beim Karpfen – von weiß bis dunkel. Barben eignen sich für alle Zubereitungsarten, schmecken aber besonders gut in Kombination mit kräftigen, pikanten Saucen.

Karpfen

Der Karpfen ist einer der ältesten Kulturfische in Deutschland. Seit dem Mittelalter wird er in allen denkbaren Variationen gekocht und serviert.

Rotaugen

Rotaugen sind die zahlenmäßig stärksten Vertreter in unseren Flüssen und Seen. Ihr Fleisch ist weiß und delikat im Geschmack, leider mit vielen Gräten.

Schleie

Die Schleie gehört zu den karpfenähnlichen Fischen mit zartem, weißem Fleisch und kräftigem Aroma. Sie kann für alle Zubereitungsarten verwendet werden.

Folgende Fische lassen sich keiner Familie zuordnen, sondern sind eigenständige Arten:

Aal

Der Aal wird zu den Fettfischen gezählt. Deshalb sind gerade sehr große Aale nur zum Räuchern geeignet. Kleinere Aale haben ein wohlschmeckendes Fleisch und keine Gräten.

Aalrutte

Dieser Fisch ist auch unter dem Namen Trüsche bekannt. Sein weißes, zartes Fleisch ist äußerst wohlschmeckend und ideal alle bekannten Zubereitungsarten.

Barsch

Der Barsch hat ein festes, weißes und sehr aromatisches Fleisch. Leider ist es sehr grätenreich.

Hecht

Der Hecht ist der König unter den Edelfischen. Sein Fleisch ist zart, mager und sehr aromatisch, leider äußerst grätenreich. Er eignet sich zum Füllen, Braten, Dünsten und Pochieren, besonders aber zur Zubereitung von Fischfarcen.

Wels

Der Wels oder Waller zählt zu den größten Süßwasserfischen. Er kann bis zu drei Meter lang werden. Nur das Fleisch von kleinen oder jungen Wallern ist aromatisch.

Zander

Der Zander gehört zu den barschartigen Fischen und hat einen Ruf als Edelfisch. Sein beliebtes Fleisch ist weiß, zart, saftig und angenehm im Geschmack, zudem hat es erfreulich wenig Gräten.

Köstliches zum Löffeln

Ob sahnig oder cremig, klassisch oder asiatisch – frisch gekochte Fischsuppen sind einfach eine Köstlichkeit und überzeugen durch ihren unverwechselbaren, feinen Geschmack. Lassen Sie Ihrer Phantasie beim Zubereiten freien Lauf, und verfeinern Sie Ihre Suppen doch einmal mit Sherry, saurer Sahne oder frischem Ingwer – Sie werden begeistert sein. Im folgenden Kapitel finden Sie viele Anregungen zum Ausprobieren.

Gelingt leicht

Fischsuppe mit Tomaten

Für 4 Portionen

- 600 g Fischfilet (z. B. Waller, Hecht, Forelle)
- 1 Zitrone
- Salz
- Pfeffer
- 1–1,5 kg Fischreste
- 1 Stange Lauch
- 2 Möhren
- 1 Zwiebel
- 4 Knoblauchzehen
- ½ Bund Thymian
- 1 EL Butter
- 250 ml Weißwein
- 1 Msp. Safran
- 1 Lorbeerblatt
- 4 Tomaten
- ½ Bund Basilikum

Außerdem
- Folie zum Abdecken

Thymian und Basilikum geben der Fischsuppe mit Tomaten (Bild Seite 10/11) ein mediterranes Aroma.

1. Die Fischfilets in mundgerechte Stücke schneiden. Die Zitrone auspressen. Den Fisch mit Zitronensaft beträufeln, mit etwas Salz bestreuen und mit Folie abgedeckt in den Kühlschrank stellen. Die Fischreste zerteilen und beiseite stellen.

2. Den Lauch waschen, putzen und in Scheiben schneiden. Die Möhren schälen und klein schneiden. Die Zwiebel und den Knoblauch abziehen und klein hacken. Den Thymian waschen und trockenschwenken.

3. Die Butter zerlassen. Lauch, Möhren, Knoblauch und Zwiebel darin bei schwacher Hitze anbraten. Mit Weißwein und 750 Milliliter Wasser aufgießen. Die Fischreste, Safran, Lorbeerblatt und Thymian dazugeben und die Suppe bei mittlerer Hitze etwa 5 Minuten kochen. Mit einem Schaumlöffel die Brühe abschäumen (nicht durchrühren!). Die Fischreste und das Gemüse etwa 30 Minuten ziehen lassen, nicht mehr kochen. Die Suppe in ein feines Sieb gießen, dabei die Brühe in einem Topf auffangen und wieder erhitzen.

4. Die Tomaten kreuzförmig einschneiden, mit kochendem Wasser überbrühen und abziehen. Die Stielansätze entfernen, die Tomaten halbieren, entkernen und in kleine Stücke schneiden. Das Basilikum waschen, trockenschwenken, die Blätter von den Stielen zupfen und in Streifen schneiden.

5. Fischfiletstücke, Tomaten und Basilikum in die Brühe geben und etwa 10 Minuten bei schwacher Hitze ziehen lassen. Die Suppe mit Salz und Pfeffer abschmecken.

Zubereitungszeit:
ca. 50 Minuten

Serviertipp
Diese kräftige Fischsuppe am besten mit frischem Knoblauchbaguette servieren.

Tipp

Fischreste bekommen Sie bei Ihrem Fischhändler, fragen Sie danach. Er stellt Ihnen einen Mix aus verschiedenen Fischsorten zusammen, die der Suppe einen kräftigen Geschmack verleihen.

Gut vorzubereiten

Fischbrühe Grundrezept

Für 4 Portionen

- 1 kg Fischreste
- 1 Zwiebel
- 3 Knoblauchzehen
- 2 Möhren
- 1 Stange Lauch
- 4 Zweige Thymian
- 1 EL Olivenöl
- 250 ml Weißwein
- 1 EL Salz
- Pfeffer
- 1 Msp. Safran
- 1 Lorbeerblatt

1. Die Fischreste zerkleinern und waschen. Die Zwiebel und den Knoblauch abziehen und fein hacken. Die Möhren schälen und fein raspeln. Den Lauch putzen, waschen und in Ringe schneiden. Die Thymianzweige waschen.

2. Das Olivenöl in einem großen Topf erhitzen. Gemüse, Knoblauch und Zwiebeln darin bei schwacher Hitze anbraten, mit Wein und 750 Milliliter Wasser aufgießen, Salz, Pfeffer, Safran, Lorbeerblatt und die Thymianzweige dazugeben.

3. Die Fischreste in die Brühe geben und bei mittlerer Hitze etwa 30 Minuten ziehen lassen. Wenn nötig, mit einem Schaumlöffel die Brühe abschäumen. Die Fischbrühe nicht umrühren, da sie sonst trüb wird. Die Brühe durch ein sehr feines Sieb oder Tuch abgießen.

Zubereitungszeit:
ca. 50 Minuten

Tipps

Diese Fischbrühe können Sie zur Zubereitung sämtlicher Suppen in diesem Kapitel verwenden oder immer dann, wenn in den übrigen Rezepten Fischbrühe benötigt wird.
Wenn Sie Fischbrühe auf Vorrat kochen möchten, bereiten Sie eine reduzierte Fischbrühe zu, indem Sie die Brühe des Grundrezepts bei mittlerer Hitze offen um ein Drittel einkochen. Die heiße Brühe in Twist-off-Gläser füllen und im Kühlschrank aufbewahren oder portionsweise einfrieren.
Salzen Sie die reduzierte Fischbrühe erst dann, wenn die Brühe auf die gewünschte Menge reduziert ist. Reduzierte Fischbrühe hat einen wesentlich kräftigeren Geschmack, deshalb beim Weiterverwenden gegebenenfalls mit Wasser verlängern.

Braucht etwas Zeit

Rahmsuppe mit geräucherten Forellen

Für 4 Portionen

- 2 geräucherte Forellen (etwa 500 g)
- 1 Stange Lauch
- 1 Stange Staudensellerie
- 1 Schalotte
- 1 Knoblauchzehe
- ½ Bund Dill
- 1 EL Butter
- 250 ml Weißwein
- 5 cl trockener Sherry
- 500 g Sahne
- 2 Eigelbe
- 100 g kalte Butter
- Salz
- 1–2 EL Zitronensaft

1. Die Haut von den Forellen entfernen, dabei mit einem scharfen Messer den Rücken entlang bis zum Schwanzende einschneiden. Die Filets von den Gräten lösen, eventuell noch vorhandene Gräten mit der Pinzette entfernen. Die Forellenfilets in mundgerechte Stücke schneiden.

2. Den Lauch und den Staudensellerie putzen, waschen und in feine Ringe schneiden. Die Schalotte und den Knoblauch abziehen und klein hacken. Den Dill waschen, trockenschwenken und hacken. Die Butter zerlassen, Schalotte und Knoblauch darin bei schwacher Hitze anbraten, das Gemüse zugeben und 2 bis 3 Minuten unter Rühren mitbraten.

3. Wein, Sherry und 250 Milliliter Wasser aufgießen und einmal kräftig aufkochen lassen. Die Temperatur reduzieren und das Gemüse etwa 20 Minuten bei schwacher Hitze kochen. Die Suppe in ein feines Sieb gießen, dabei die Brühe in einem Topf auffangen. Die Brühe offen bei starker Hitze um ein Drittel einkochen.

4. In der Zwischenzeit 2 Esslöffel Sahne halb steif schlagen und mit den Eigelben verrühren. Die restliche Sahne zur Brühe gießen und offen bei mittlerer Hitze cremig kochen. Den Topf vom Herd nehmen. Die Sahne-Ei-Masse einrühren und die Suppe damit binden. Die Suppe nicht mehr kochen lassen. Nach und nach die kalte Butter in Flöckchen unterrühren und mit Salz und Zitronensaft abschmecken.

5. Die Forellenstücke auf vier tiefe Teller verteilen, die Suppe darüber geben, mit Dill bestreuen und servieren.

Zubereitungszeit:
ca. 40 Minuten

Tipp

Da Süßwasserfische ein milderes Aroma haben als Salzwasserfische, sollten Sie bei der Zubereitung von Fischsuppen oder -brühen reichlich Fischreste nehmen. Es können auch Reste von verschiedenen Fischen sein. Ob Sie den Kopf mitverwenden, ist reine Geschmackssache.

Originell

Karpfen-Tomaten-Suppe

Für 4 Portionen

- 600 g Karpfenfilet
- 1 Zitrone
- Salz
- Pfeffer
- 3 Schalotten
- 4 Knoblauchzehen
- 20 g frischer Ingwer
- 8 Tomaten
- 4 Frühlingszwiebeln
- 2 EL Pflanzenöl
- 1 EL Zucker
- 750 ml Fischbrühe (siehe Rezept Seite 13 oder fertige Brühe aus dem Glas)
- 1 Bund Koriander

Außerdem
- Folie zum Abdecken

1. Die Karpfenfilets in mundgerechte Stücke schneiden. Mit einer Pinzette die restlichen Gräten entfernen. Die Zitrone auspressen. Die Fischstücke mit Zitronensaft beträufeln, salzen, pfeffern und mit Folie abgedeckt in den Kühlschrank stellen.

2. Die Schalotten und den Knoblauch abziehen. Den Ingwer schälen und alles klein hacken. Die Tomaten kreuzförmig einschneiden, mit kochendem Wasser überbrühen und abziehen. Die Stielansätze entfernen, die Tomaten halbieren, entkernen und in Stücke schneiden. Die Frühlingszwiebeln putzen, waschen und in feine Ringe schneiden.

3. Das Öl erhitzen und die Schalotten darin bei schwacher Hitze anbraten. Den Zucker darüber streuen und unter Rühren karamellisieren lassen. Knoblauch, Ingwer und Tomaten dazugeben und kurz dünsten. Die Fischbrühe dazugeben, einmal aufkochen und zugedeckt etwa 20 Minuten bei schwacher Hitze ziehen lassen. Mit Salz und Pfeffer abschmecken.

4. Die Suppe nochmals aufkochen, Frühlingszwiebeln und Fischfiletstücke dazugeben und in etwa 10 Minuten garen, mit Salz und Pfeffer abschmecken. Den Koriander waschen, trockenschwenken, die Blätter von den Stielen zupfen, in die Suppe geben und servieren.

Zubereitungszeit:
ca. 35 Minuten

Für Gäste

Gebundene Felchensuppe

Für 4 Portionen

- 2 Felchen (etwa 400 g)
- 1 Zitrone
- Salz
- 1 kleine Möhre
- 1 kleines Stück Sellerie
- 2 Stangen Lauch
- 1 Schalotte
- 20 g Butter
- 500 ml Weißwein
- ½ TL weiße Pfefferkörner
- 1 Lorbeerblatt
- 1 Eigelb
- 125 g Sahne
- Pfeffer
- 2 Zweige Dill

Außerdem
- Folie zum Abdecken

Weißwein verfeinert die Gebundene Felchensuppe (Bild rechts).

1. Die Felchen säubern, unter fließendem, kaltem Wasser waschen und filetieren. Mit der Pinzette die restlichen Gräten entfernen. Die Zitrone auspressen. Die Filets in mundgerechte Stücke schneiden, mit dem Zitronensaft beträufeln, mit etwas Salz bestreuen und mit Folie abgedeckt in den Kühlschrank stellen. Die Fischreste beiseite stellen.

2. Möhre und Sellerie schälen, Lauch putzen und waschen. Die Schalotte abziehen. Das Gemüse bis auf 1 Stange Lauch und die Schalotte in kleine Stücke schneiden.

3. Die Butter erhitzen und das vorbereitete Gemüse darin bei mittlerer Hitze anbraten. Die Fischreste dazugeben und mit 500 Milliliter Wasser und dem Weißwein aufgießen. Pfefferkörner, 1 Esslöffel Salz und das Lorbeerblatt dazugeben und etwa 15 Minuten ziehen lassen, nicht kochen. Wenn nötig, mit einem Schaumlöffel entschäumen. Die Suppe durch ein feines Sieb gießen, dabei die Brühe in einem Topf auffangen und aufkochen.

4. Den restlichen Lauch halbieren, in feine Streifen schneiden und in die Fischsuppe geben. Die Filetstücke dazugeben und etwa 10 Minuten gar ziehen lassen.

5. Das Eigelb mit der Sahne verquirlen, in die Fischsuppe einrühren und mit Salz und Pfeffer abschmecken. Den Dill waschen und trockenschwenken. Die Suppe auf Teller verteilen und mit dem Dill garnieren.

Zubereitungszeit:
ca. 45 Minuten

Variante
Wenn Sie keine Felchen bekommen, können Sie diese cremige Suppe auch mit Forelle, Barsch, Hecht oder Zander zubereiten.

Gelingt leicht

Geräucherter Aal in Kartoffelsuppe

Für 4 Portionen

- 2 Möhren
- ½ Sellerie
- 1 Stange Lauch
- 2 Zwiebeln
- 1 Bund Petersilie
- ½ Bund Majoran
- 1 kg mehlig kochende Kartoffeln
- 60 g Butter
- 1 l Gemüsebrühe
- 1 Lorbeerblatt
- 2 Gewürznelken
- Salz
- Pfeffer
- 2 kleine geräucherte Aale (400 g)

1. Die Möhren und den Sellerie schälen und in Stifte schneiden. Den Lauch putzen, waschen und in Ringe schneiden. Die Zwiebeln abziehen und klein hacken. Die Petersilie und den Majoran waschen, trockenschwenken, die Blätter von den Stielen zupfen, klein hacken und beiseite stellen. Die Kartoffeln schälen und klein würfeln.

2. Die Butter zerlassen, die Zwiebeln darin bei schwacher Hitze anbraten, das restliche Gemüse dazugeben und unter Rühren anbraten. Die Kartoffeln dazugeben und mit der Gemüsebrühe aufgießen. Mit Lorbeerblatt, Nelken, Majoran, Salz und Pfeffer würzen. Die Suppe zugedeckt bei schwacher Hitze etwa 30 Minuten kochen.

3. In der Zwischenzeit die Haut von den Aalen abziehen. Das Fleisch von den Knorpeln lösen und in mundgerechte Stücke schneiden.

4. Die Kartoffelsuppe kräftig durchrühren und mit einer Gabel einige Kartoffelstückchen zerdrücken, damit die Suppe etwas sämiger wird. Die Petersilie unterrühren. Die Suppe mit Salz und Pfeffer abschmecken, auf Teller verteilen und die Aalstücke darauf geben.

Zubereitungszeit:
ca. 1 Stunde

Variante
Wer lieber Forellen mag, schneidet statt der Aale 2 geräucherte Forellenfilets in mundgerechte Stücke.

Serviertipp
Zu dieser Suppe passt hervorragend ein deftiges, frisches Bauernbrot.

Gelingt leicht

Asiatische Fischbällchensuppe mit Ingwer

Für 4 Portionen

- 400 g Barschfilets
- 20 g frischer Ingwer
- 4 Frühlingszwiebeln
- 1 rote Chilischote
- 1 Eiweiß
- 1 TL Currypulver
- 50 g Kokosflocken
- 1 EL Pflanzenöl
- Salz
- 1 l Gemüsebrühe
- Pfeffer
- 1 EL Sojasauce

1. Die Barschfilets in Stücke schneiden und in den Mixer geben. Den Ingwer schälen. Die Frühlingszwiebeln putzen und waschen. Den Ingwer und 1 Frühlingszwiebel grob hacken. Chilischote waschen, längs halbieren, Kerne und Trennwände entfernen und die Hälften klein schneiden.

2. Ingwer, Frühlingszwiebel, Chilischote, Eiweiß, Curry, Kokosflocken, 100 Milliliter Wasser, Öl und 1 Prise Salz zu den Fischstückchen in den Mixer geben und alles sehr fein pürieren.

3. Die Gemüsebrühe erhitzen. Die restlichen Frühlingszwiebeln in feine Ringe schneiden und dazugeben. Aus der Fischmasse kleine Bällchen formen und in die Brühe geben. Die Bällchen so lange ziehen lassen, bis sie an die Oberfläche steigen. Die Suppe mit Salz, Pfeffer und Sojasauce abschmecken und in Suppentassen anrichten.

Zubereitungszeit:
ca. 40 Minuten

Varianten

- Die Fischbällchen schmecken sowohl warm als auch kalt und können auch zu einer Curry-Fruchtsauce und Reis serviert werden.
- Probieren Sie die Fischbällchen auch einmal in Kombination mit einem Mango- oder Aprikosenchutney.

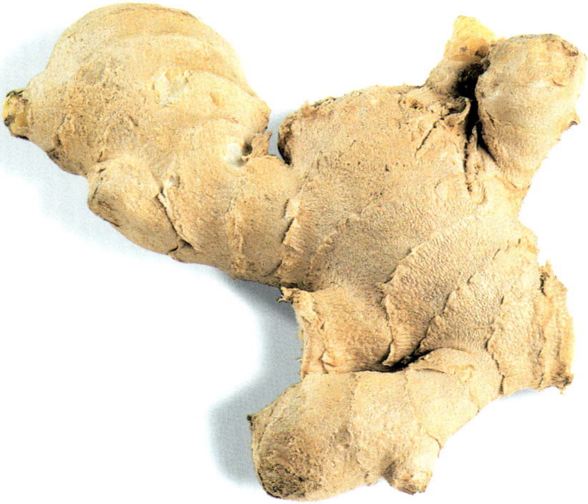

Braucht etwas Zeit

Friesischer Zandertopf

Für 4 Portionen

- 1 Zander (etwa 1,5 kg)
- 1 Zitrone
- 6 Kartoffeln
- ½ Sellerie
- 2 Stangen Lauch
- 4 Möhren
- 2 Petersilienwurzeln
- 2 Zwiebeln
- 2 EL Butter
- 500 ml Fischbrühe (siehe Rezept Seite 13 oder fertige Brühe aus dem Glas)
- 2 Eigelbe
- 125 g Sahne
- Salz
- Pfeffer
- frisch geriebene Muskatnuss
- 125 ml Weißwein

Außerdem

- kleine Holzspießchen
- Folie zum Abdecken

1. Den Zander säubern, unter fließendem, kaltem Wasser waschen, filetieren und von Haut und Gräten befreien. Große Filets einmal in der Mitte längs durchschneiden. Die Filets aufrollen, mit Holzspießchen fest stecken und in eine Schüssel geben. Die Zitrone auspressen und die Fischröllchen mit dem Zitronensaft beträufeln. Die Röllchen mit Folie zugedeckt in den Kühlschrank stellen.

2. Die Kartoffeln schälen und würfeln. Das Gemüse putzen, waschen und in kleine Stücke schneiden. Die Zwiebeln abziehen und hacken. In einem Topf die Butter erhitzen, die Zwiebeln und das Gemüse darin bei schwacher Hitze anbraten und mit der Fischbrühe aufgießen. Die Kartoffelwürfel dazugeben und alles etwa 20 Minuten garen.

3. Die Eigelbe mit der Sahne verquirlen und unter Rühren in die Suppe geben. Nicht mehr kochen lassen. Mit Salz, Pfeffer, Muskatnuss und Weißwein abschmecken. Die Zanderröllchen in die Suppe legen und etwa 5 Minuten darin ziehen lassen.

Zubereitungszeit:
ca. 1 Stunde 20 Minuten

Serviertipp

Reichen Sie zum Friesischen Zandertopf frisches knuspriges Weißbrot und ein herbes kühles Bier.

Viel frisches Gemüse steckt in dem köstlichen Friesischen Zandertopf (Bild rechts).

Tipp

Wenn Sie beim Kochen Wein verwenden, achten Sie bei diesem auf gute Qualität, denn sie sorgt für ein ausgewogenes Aroma. Gut geeignet ist z. B. ein Pinot blanc. Wer unsicher ist: Eine Qualitätsrichtlinie ist immer noch der Preis.

Für Gäste

Hechtnockerlsuppe mit Fenchel

Für 4 Portionen

- 500 g Hechtfilet
- 80 g Sahne
- 2 EL gestoßenes Eis
- Salz
- Pfeffer
- 1 kleine Fenchelknolle
- 1 EL Pflanzenöl
- 1 l Fischbrühe (siehe Rezept Seite 13 oder fertige Brühe aus dem Glas)
- 2 Zweige Dill

1. Das Hechtfilet klein schneiden, in einen Mixer geben, nach und nach Sahne und Eis dazugeben und alles fein pürieren. Die glatte, feste Hechtfarce durch ein feines Sieb in eine Schüssel streichen und mit Salz und Pfeffer abschmecken.

2. Den Fenchel putzen, längs halbieren, den Strunk entfernen und den Fenchel in feine Streifen schneiden. Das Öl in einem Topf erhitzen und die Fenchelstreifen darin bei schwacher Hitze anbraten. Mit der Fischbrühe aufgießen und etwa 10 Minuten bei schwacher Hitze kochen. Die Suppe mit Salz und Pfeffer abschmecken.

3. Mit zwei Löffeln aus der Hechtfarce Nocken formen. Die Hechtnockerl in die heiße, aber nicht mehr kochende Suppe geben und etwa 10 Minuten ziehen lassen. Den Dill waschen und trockenschwenken. Die Suppe auf Tellern anrichten und mit dem Dill garnieren.

Zubereitungszeit:
ca. 50 Minuten

Tipp

Wenn Sie die Hechtfarce nach dem Pürieren durch ein feines Sieb streichen, wird die Masse nicht nur besonders glatt, sondern es werden gleichzeitig die restlichen Fischgräten entfernt.

Info

Bei der Zubereitung der Fischfarce ist es wichtig, den Fisch vor dem Pürieren im Tiefkühlfach entweder kurz anzufrosten oder während des Pürierens nach und nach kleine Eisstückchen in den Mixer zu geben. Durch die Hitze, die beim Pürieren entsteht, würde die Farce sonst zu trocken.

Originell

Aletklößchen in Blumenkohlcremesuppe

Für 4 Portionen

- 1 Alet (etwa 1 kg)
- 80 g Sahne
- 2 EL gestoßenes Eis
- Salz
- Pfeffer
- 1 kleine Chilischote
- 750 ml Fischbrühe (siehe Rezept Seite 13 oder fertige Brühe aus dem Glas)
- ½ Blumenkohl
- 100 g Sahne
- 2 Eigelbe
- frisch geriebene Muskatnuss
- 3 Zweige Kerbel

1. Den Alet säubern, unter fließendem, kaltem Wasser waschen und filetieren. Die Fischfilets klein schneiden, in den Mixer geben, nach und nach Sahne und Eis dazugeben und alles pürieren, bis eine geschmeidige Masse entstanden ist. Die Masse durch ein feines Sieb in eine Schüssel streichen und mit Salz und Pfeffer abschmecken.

2. Die Chilischote waschen, längs halbieren und Kerne sowie Trennwände entfernen. Die Chilihälften fein hacken und unter die Fischmasse rühren.

3. Die Fischbrühe aufkochen. Aus der Fischmasse Klößchen formen. Die Klößchen in die heiße, aber nicht mehr kochende Brühe geben und gar ziehen lassen. Die Klößchen aus der Fischbrühe nehmen und warm stellen.

4. Den Blumenkohl waschen, in kleine Röschen zerteilen, in die Fischbrühe geben und etwa 5 Minuten kochen. Die Suppe beiseite stellen und mit dem Pürierstab pürieren. Die Sahne mit den Eigelben verquirlen und unter die Suppe rühren. Die Suppe mit Salz, Pfeffer und Muskatnuss abschmecken.

5. Den Kerbel waschen und trockenschwenken. Die Fischklößchen auf vier Teller verteilen, die Suppe darüber geben und mit Kerbel garnieren.

Zubereitungszeit:
ca. 45 Minuten

Varianten

- Statt des Alets können Sie auch andere Weißfischarten verwenden – ebenfalls hervorragend schmeckt die Suppe beispielweise mit Barbe oder Karpfen.
- Den Blumenkohl können Sie durch Brokkoli, Champignons oder Tomaten ersetzen.

Raffiniertes zum Auftakt

Vorspeisen haben es in sich und sind immer willkommen – entweder als Entrée im Rahmen eines mehrgängigen Menüs, als kleine Mahlzeit für den Hunger zwischendurch oder am Abend. Lassen Sie sich von den folgenden Rezeptideen verführen: Wie wäre es mit einer Karpfenterrine, in Limettensaft mariniertem Saibling oder Felchentatar auf Rucola?

Braucht etwas Zeit

Hecht-Lachsforellen-Terrine

Für 1 Pastetenform von 1 l Inhalt

- 500 g Hechtfilet
- 1 Ei
- 400 g Crème fraîche
- 250 g Sahne
- 2 EL gestoßenes Eis
- Salz
- Pfeffer
- 50 g Blattspinat
- 200 g Lachsforellenfilet
- 1 Schalotte

Außerdem

- Butter für die Form
- Folie und Alufolie zum Abdecken

Mit der Hecht-Lachsforellen-Terrine (Bild Seite 24/25) verwöhnen Sie Ihre Gäste.

1. Eine längliche Pastetenform mit weicher Butter einfetten und in den Kühlschrank stellen. Das Hechtfilet klein schneiden, in den Mixer geben, nach und nach das Ei, die Crème fraîche, die Sahne und das Eis dazugeben und alles fein pürieren, bis eine Farce entstanden ist. Die Farce durch ein feines Sieb in eine Schüssel streichen, mit Salz und Pfeffer abschmecken und mit Folie abgedeckt in den Kühlschrank stellen.

2. Den Spinat waschen, verlesen und in kochendem Salzwasser etwa 2 Minuten blanchieren. Herausnehmen, die Blätter einzeln auslegen und abkühlen lassen.

3. Aus dem Lachsforellenfilet die restlichen Gräten mit einer Pinzette entfernen. Das Filet mit einem scharfen Messer fein hacken. Die Schalotte abziehen, fein hacken, mit dem gehackten Forellenfilet vermischen und mit Salz und Pfeffer würzen. Die Spinatblätter überlappend nebeneinander auslegen, die Fischmasse darauf verteilen und die Spinatblätter aufrollen.

4. Den Backofen auf 180 °C (Umluft 160 °C, Gas Stufe 2–3) vorheizen. Die Pastetenform zu einem Drittel mit der Hechtfarce füllen. Die gefüllten Spinatblätter darauf legen und die restliche Farce darauf verteilen. Die Form mehrfach kräftig auf die Arbeitsfläche stoßen, damit sich in der Farce keine Luftblasen bilden.

5. Einen Bräter zur Hälfte mit heißem Wasser füllen. Die Pastetenform mit Alufolie abdecken, in das Wasser setzen und im heißen Backofen auf der mittleren Schiene 30 bis 35 Minuten garen. Den Backofen ausschalten und die Terrine noch 10 Minuten ziehen lassen. Die Form aus dem Wasserbad nehmen und 2 bis 3 Stunden auskühlen lassen.

Arbeitszeit:
ca. 1 Stunde
Garzeit: ca. 35 Minuten
Abkühlzeit: ca. 3 Stunden

Serviertipps

- Die Terrine in etwa 1 cm dicke Scheiben schneiden. Teller mit Salatblättern auslegen und die Terrine darauf anrichten.
- Zu dieser feinen Terrine passen verschiedene kalte Saucen (Rezepte siehe vordere Umschlaginnenseite).

Für Gäste

Marinierte Lachsforelle

Für 4 Portionen

- 1 Lachsforellenfilet (etwa 200 g)
- 1 Limette
- Salz
- 4 EL Mayonnaise
- 3 EL Aceto balsamico
- 3 EL Himbeeressig
- Pfeffer
- Zucker
- 1 Friséesalat
- 1 Knoblauchzehe
- 3 EL Olivenöl
- 50 g Brunnenkresse

Außerdem

- Folie zum Abdecken

1. Von dem Lachsforellenfilet sämtliche Gräten entfernen. Die Limette auspressen. Das Filet mit Limettensaft beträufeln, salzen und mit Folie abgedeckt in den Kühlschrank stellen.

2. Für das Dressing Mayonnaise, Aceto balsamico und Himbeeressig verrühren. Mit Salz, Pfeffer und Zucker abschmecken. Den Friséesalat putzen, waschen und abtropfen lassen. Große Blätter in mundgerechte Stücke zupfen. Den Salat mit dem Dressing vermischen und auf vier Tellern anrichten.

3. Den Knoblauch abziehen und sehr fein hacken. Knoblauch mit Olivenöl, Salz und Pfeffer in einem tiefen Teller vermischen.

4. Das Lachsforellenfilet mit einem scharfen Messer in dünne Scheiben schneiden. Die Scheiben durch die Marinade ziehen und auf dem Salat anrichten. Die Brunnenkresse waschen, hacken und darüber streuen.

Zubereitungszeit:
ca. 20 Minuten

Raffiniert

Roher Saibling in Limettensaft

Für 4 Portionen

- 2 Saiblingfilets (etwa 700 g)
- Salz
- Pfeffer
- 3 Limetten
- 1 Bund Schnittlauch
- 100 g Schmand
- 2 Orangen

Außerdem

- Folie zum Abdecken

1. Die Fischfilets waschen, in mundgerechte Stücke schneiden, in eine Schüssel geben und mit Salz und Pfeffer würzen. Die Limetten auspressen. Die Fischstücke mit dem Limettensaft übergießen und mit Folie abgedeckt im Kühlschrank 5 bis 6 Stunden ziehen lassen.

2. Den Schnittlauch waschen, trockenschwenken und in Röllchen schneiden. Den Schmand mit den Schnittlauchröllchen verrühren, mit Salz und Pfeffer würzen. Die Orangen schälen, dabei auch die weiße Haut entfernen. Die Fruchtfilets sorgfältig herausschneiden.

3. Den Limettensaft abgießen und die Fischstücke auf vier Tellern anrichten. Die Orangenfilets dekorativ darauf legen und den Schmand darüber geben.

Arbeitszeit:
ca. 20 Minuten
Marinierzeit: ca. 6 Stunden

Gelingt leicht

Felchentatar auf Rucola

Für 4 Portionen

- 2 Schalotten
- 1 Bund Dill
- 1 Zitrone
- 400 g Felchenfilets
- 6 EL Olivenöl
- Salz
- Pfeffer
- 4 Bund Rucola
- 4 EL Aceto balsamico
- 2 EL Zucker
- 2 EL Pinienkerne

Eine schnell zubereitete Gaumenfreude ist das Felchentatar auf Rucola (Bild rechts).

1. Die Schalotten abziehen und sehr fein hacken. Den Dill waschen, trockenschwenken und klein hacken. Die Zitrone auspressen.

2. Die Felchenfilets mit einer Pinzette von den restlichen Gräten befreien. Die Filets in sehr kleine Stücke schneiden oder durch den Fleischwolf drehen.

3. Felchentatar, Schalotten, Dill, 3 Esslöffel Olivenöl und den Zitronensaft in eine Schüssel geben und vermischen. Das Tatar mit Salz und Pfeffer abschmecken.

4. Die Rucola waschen und abtropfen lassen. Für das Dressing Aceto balsamico, restliches Olivenöl, Salz, Pfeffer und Zucker verrühren. Die Marinade sollte süßsauer schmecken. Die Rucola dazugeben und mit dem Dressing vermischen.

5. Den Rucolasalat auf vier Teller verteilen und mit den Pinienkernen bestreuen. Aus dem Felchentatar mit zwei Löffeln Nocken formen und je 3 Nocken pro Teller auf dem Rucolasalat anrichten.

Zubereitungszeit:
ca. 20 Minuten

Variante
Sehr gut schmeckt das Fischtatar auch, wenn Sie statt der Felchenfilets Lachsforellen- oder Saiblingfilets verwenden. Es lässt sich aber ebenso aus allen anderen Salmoniden zubereiten (siehe Seite 8).

Serviertipp
Zu dieser exquisiten Vorspeise passt hervorragend frisches italienisches Ciabatta.

Braucht etwas Zeit

Karpfenterrine

Für 1 Terrinenform von 1 l Inhalt

- 50 g Pistazien
- 1 kleiner Karpfen (etwa 2 kg)
- 125 g Sahne
- 50 ml Weißwein
- 3 EL gestoßenes Eis
- ½ Bund Dill
- Salz
- Pfeffer

Außerdem
- Butter für die Form
- Alufolie zum Abdecken

1. Die Pistazien in Wasser einweichen. Den Karpfen säubern, unter fließendem, kaltem Wasser waschen und filetieren. Die Filets klein schneiden, in den Mixer geben, nach und nach die Sahne, den Weißwein und das Eis dazugeben und zu einer geschmeidigen Farce pürieren. Die Farce durch ein feines Sieb in eine Schüssel streichen.

2. Den Dill waschen, trockenschwenken, die Blätter von den Stielen zupfen und klein schneiden. Die Pistazien in ein Sieb geben und abtropfen lassen. Dill und Pistazien unter die Farce mischen. Die Farce mit Salz und Pfeffer abschmecken.

3. Den Backofen auf 180 °C (Umluft 160 °C, Gas Stufe 2–3) vorheizen. Eine Terrinenform mit weicher Butter einfetten, die Fischfarce einfüllen und glatt streichen. Die Form mehrfach kräftig auf die Arbeitsfläche stoßen, damit sich in der Farce keine Luftblasen bilden.

4. Einen Bräter zur Hälfte mit heißem Wasser füllen. Die Terrinenform mit Alufolie verschließen, in das Wasser setzen und im heißen Backofen auf der mittleren Schiene 30 bis 35 Minuten garen. Den Backofen ausschalten und die Terrine noch 10 bis 15 Minuten ziehen lassen. Die Form aus dem Wasserbad nehmen und 2 bis 3 Stunden auskühlen lassen. Die Terrine aus der Form stürzen.

Arbeitszeit:
ca. 1 Stunde
Garzeit: ca. 35 Minuten
Abkühlzeit: ca. 3 Stunden

Varianten
- Für diese Terrine können Sie je nach Vorliebe und Geschmack andere grätenreiche Fische wie Rotaugen, Brachsen und Alet verwenden.
- Die Pistazien können Sie durch Kapern ersetzen. Das ergibt eine interessante Geschmacksnote.

Serviertipps
- Die Terrine in etwa 1 cm dicke Scheiben schneiden und auf Salatblättern anrichten.
- Reichen Sie zu der Terrine verschiedene kalte Saucen (Rezepte siehe vordere Umschlaginnenseite).

Braucht etwas Zeit

Täschchen mit Forellenfüllung

Für 4 Portionen

- 200 g Forellenfilet
- 125 g Mehl
- 2 Eier
- Salz
- ½ Bund Dill
- 2 Eiweiße
- 4 EL Crème fraîche
- 2 EL eingelegter grüner Pfeffer
- Pfeffer
- 1 Stange Lauch
- 1 EL Olivenöl
- 50 ml Gemüsebrühe

Außerdem
- Mehl zum Ausrollen

1. Das Forellenfilet von allen Gräten befreien und die Filets kurz im Tiefkühlfach anfrosten (siehe Info Seite 22).

2. In einer Schüssel Mehl, Eier, Salz und etwas kaltes Wasser zu einem geschmeidigen Teig verkneten. Den Nudelteig zugedeckt etwa 30 Minuten ruhen lassen.

3. Den Dill waschen, trockenschwenken, die Blätter von den Stielen zupfen und fein hacken. 1 Eiweiß zu Eischnee steif schlagen. Das angefrorene Forellenfilet pürieren, mit 2 Esslöffeln Crème fraîche und dem Dill verrühren. Den Eischnee unterheben. Die Masse mit grünem Pfeffer, Salz und Pfeffer würzen.

4. Die Arbeitsfläche mit Mehl bestäuben und den Nudelteig etwa 3 mm dick ausrollen. Mit einem Ausstecher oder Glas Kreise von etwa 8 cm Ø ausstechen. Je 1 Teelöffel von der Forellenfüllung in die Mitte setzen, die Ränder mit dem restlichen Eiweiß bestreichen und die Teigkreise zu Halbmonden zusammenlegen. Die Ränder fest drücken, damit die Füllung nicht auslaufen kann.

5. Salzwasser zum Kochen bringen. Die Teigtäschchen dazugeben und etwa 10 Minuten bei schwacher Hitze in leicht siedendem Wasser garen. Die Teigtäschchen in ein Sieb abgießen und mit kaltem Wasser abschrecken.

6. Den Lauch putzen, waschen und in Ringe schneiden. Das Öl erhitzen und die Lauchringe darin bei schwacher Hitze anbraten. Die Gemüsebrühe dazugeben und den Lauch etwa 10 Minuten garen.

7. Die restliche Crème fraîche einrühren und mit Salz und Pfeffer abschmecken. Das Lauchgemüse auf Tellern anrichten und jeweils 3 Täschchen darauf setzen.

Zubereitungszeit:
ca. 1 Stunde 40 Minuten

Serviertipp
Die Täschchen mit Forellenfüllung harmonieren ausgezeichnet mit einer Steinpilzsauce (Rezept siehe hintere Umschlaginnenseite).

Gelingt leicht

Fischsalat

Für 4 Portionen

- 200 g gegarter Fisch vom Vortag
- Salz
- Pfeffer
- 55 ml Olivenöl
- 2½ EL Essig
- 2 Eier
- 1 Eigelb
- 1 EL Senf
- Zucker
- 1 Bund Schnittlauch
- 1 roter Eichblattsalat
- 1 Tomate

Außerdem

- Folie zum Abdecken

1. Den Fisch von Haut und Gräten befreien, in etwa 2 cm große Stücke teilen und mit 1 Teelöffel Salz, Pfeffer, je 1 Teelöffel Öl und Essig mischen. Den Fisch etwa 1 Stunde mit Folie abgedeckt in den Kühlschrank stellen.

2. Die Eier hart kochen, kalt abschrecken, etwas abkühlen lassen und pellen. Das Eigelb herauslösen, in eine Schüssel geben und mit einer Gabel zerdrücken. Das rohe Eigelb dazugeben und unter Zugabe des restlichen Olivenöls mit den Quirlen des Handrührgerätes schaumig schlagen. Mit Senf, restlichem Essig, Salz, Pfeffer und Zucker abschmecken. Den Schnittlauch waschen, trockenschwenken, in Röllchen schneiden und zur Marinade geben.

3. Den Eichblattsalat putzen, waschen und abtropfen lassen. Große Blätter in mundgerechte Stücke zupfen. Die Salatblätter auf vier Teller geben. Die Fischstückchen darauf verteilen und mit der Marinade beträufeln. Das hart gekochte Eiweiß klein hacken und darüber streuen. Die Tomate waschen und den Stielansatz entfernen. Die Tomate in Stücke schneiden und den Salat damit garnieren.

Zubereitungszeit:
ca. 1 Stunde

Tipp

Dieses Rezept ist ideal, um die Reste von größeren, im Ganzen gegarten Fischen zu verwerten. Am besten schmeckt der Salat, wenn die Fischreste mindestens einen halben Tag alt sind. Erst dann entfaltet er sein wunderbares Aroma.

Deftig und dennoch exquisit schmeckt dieser Fischsalat (Bild rechts).

Braucht etwas Zeit

Gebeizte Lachsforelle

Für 6 bis 8 Portionen

- 1 große Lachsforelle (etwa 2 kg)
- 1 Bund Dill
- 1 EL Korianderkörner
- 80 g Zucker
- 30 g Salz
- 1 TL weißer Pfeffer

Außerdem
- Folie zum Abdecken
- Alufolie

1. Die Lachsforelle waschen, säubern und filetieren, die Haut nicht entfernen. Mit einer Pinzette die restlichen Gräten entfernen und die Filets mit Folie abgedeckt in den Kühlschrank stellen.

2. Den Dill waschen, trockenschwenken, die Blätter von den Stielen zupfen und grob hacken. Die Korianderkörner mit einem breiten Messer zerdrücken. Dill, Koriander, Zucker, Salz und Pfeffer vermischen. Ein ausreichend großes Stück Alufolie auf eine Platte legen.

3. Etwas von der Gewürzmischung auf die Folie geben, darauf die Hälfte der Lachsforellenfilets mit der Hautseite nach unten legen. Zwei Drittel der Gewürzmischung auf dem Filet verteilen, das zweite Filet darauf legen. Die restliche Gewürzmischung darüber streuen und alles mit der Alufolie fest einschlagen.

4. Die Lachsforelle 2 bis 3 Tage an einen kühlen Ort oder in den Kühlschrank stellen. Ab und zu den austretenden Saft abgießen. Die Lachsforelle in kleine Stücke geschnitten servieren.

Arbeitszeit:
ca. 50 Minuten
Marinierzeit: ca. 3 Tage

Gelingt leicht

Honig-Senf-Sauce

Für 4 Portionen

- 1 Bund Dill
- 2 EL Weinessig
- 50 ml Honig
- 50 g mittelscharfer Senf
- Salz
- Pfeffer

Die Honig-Senf-Sauce verleiht der Gebeizten Lachsforelle besondere Raffinesse (Bild rechts).

1. Den Dill waschen, trockenschwenken, die Blätter von den Stielen zupfen und fein hacken.

2. Weinessig, Honig und Senf in eine Schüssel geben und mit dem Schneebesen verrühren. Den Dill untermischen. Die Sauce mit Salz und Pfeffer abschmecken.

Zubereitungszeit:
ca. 15 Minuten

Serviertipp
Die Honig-Senf-Sauce passt gut zur Gebeizten Lachsforelle (siehe oben).

Gelingt leicht

Barschfilets auf Tomaten

Für 4 Portionen

- 4 Barsche (etwa 1,2 kg)
- 1 Zitrone
- Salz
- Pfeffer
- 1 Bund Basilikum
- 1 Knoblauchzehe
- 1 EL Pinienkerne
- 4 EL Olivenöl
- 2 EL geriebener Parmesan
- 2 Fleischtomaten
- 1 Schalotte
- 125 ml Weißwein

Außerdem
- Folie zum Abdecken

1. Die Barsche säubern, unter fließendem, kaltem Wasser waschen und filetieren. Die Zitrone auspressen. Die Barsche mit Zitronensaft beträufeln, salzen, pfeffern und mit Folie abgedeckt in den Kühlschrank stellen.

2. Für das Pesto das Basilikum waschen, trockenschwenken und klein schneiden. Den Knoblauch abziehen und zerdrücken. Basilikumblätter und -stiele, Pinienkerne und Knoblauch in einen Mörser oder in den Mixer geben und fein zerreiben oder pürieren. Nach und nach das Olivenöl dazugeben und den Parmesan untermischen.

3. Die Fleischtomaten waschen, von den Stielansätzen befreien und in etwa 1 cm große Würfel schneiden. Die Schalotte abziehen und fein hacken. Die Tomatenwürfel und die Schalotte in einer Schüssel vermischen, mit Salz und Pfeffer würzen und auf vier Tellern anrichten.

4. Den Weißwein in einem Topf erhitzen, den Dämpfeinsatz hineinstellen, die Barschfilets darauf legen, nochmals mit etwas Pfeffer würzen und zugedeckt bei mittlerer Hitze etwa 6 Minuten garen. Die Barschfilets auf die Tomaten legen und das Pesto darauf teelöffelweise verteilen.

Zubereitungszeit:
ca. 30 Minuten

Serviertipp
Zu den Barschfilets auf Tomaten passt sehr gut frisches italienisches Ciabatta.

Gelingt leicht

Marinierte Schleie

Für 4 Portionen

- 1 Möhre
- 1 Zwiebel
- 250 ml Essig
- 6 Wacholderbeeren
- 1 TL Pfefferkörner
- Salz
- 1 Schleie (etwa 1 kg)
- 1 Glas Rote Beten (250 g Abtropfgewicht)

Außerdem
- Folie zum Abdecken

1. Die Möhre schälen und in kleine Würfel schneiden. Die Zwiebel abziehen und in Ringe schneiden. Für den Sud 250 Milliliter Wasser, Essig, Wacholderbeeren, Pfefferkörner, Salz, Möhrenwürfel und Zwiebelringe in einen Topf geben, aufkochen und abkühlen lassen.

2. Die Schleie säubern, unter fließendem, kaltem Wasser waschen, filetieren und die Filets halbieren. Die Fischfilets in eine Schüssel legen und den Sud darüber gießen. Die Schüssel mit Folie abdecken und die Filets an einem kühlen Ort oder im Kühlschrank etwa 12 Stunden marinieren lassen. Nach der Hälfte der Zeit die Fischfilets einmal wenden.

3. Die Roten Beten in ein Sieb geben, abtropfen lassen und in Würfel schneiden. Die Fischfilets aus dem Sud nehmen, auf vier Tellern anrichten, die Rote-Bete-Würfel darüber streuen und mit den Zwiebelringen aus dem Sud garnieren.

Arbeitszeit:
ca. 20 Minuten
Marinierzeit: ca. 12 Stunden

Serviertipp
Am besten schmecken die marinierten Filets mit einer Meerrettichsauce (siehe Rezept Seite 46) und frischem Bauernbrot oder mit knusprigen Bratkartoffeln.

Fisch mit Sauce

Eine besonders schonende Art, Fisch zuzubereiten, ist das Dünsten. Einerseits bleibt das volle Aroma des Fisches erhalten, andererseits mischt sich der Saft des Fischfleisches mit der Dünstflüssigkeit und bildet die Basis für eine aromatische Sauce. Auf frischem Gemüse der Saison serviert, kommt Ihr Lieblingsfisch besonders zur Geltung. Genießen Sie die Gaumenfreuden, die Ihnen dieses Kapitel bietet.

Raffiniert

Zander auf Gartengemüse

Für 4 Portionen

- 1 Zander (etwa 1,5 kg)
- 1 Zitrone
- Salz
- Pfeffer
- 1 mittelgroßer Zucchino
- 1 Kohlrabi
- 2 große Möhren
- 1 Bund Frühlingszwiebeln
- 1 Bund Dill
- 2 EL Butter
- 50 ml Fischbrühe (siehe Rezept Seite 13 oder fertige Brühe aus dem Glas)
- Zucker

Außerdem
- Folie zum Abdecken

1. Den Zander waschen, säubern und filetieren. Jedes Zanderfilet in 2 schmale Streifen schneiden, dabei überflüssiges Fleisch entfernen. In die Filetstreifen jeweils 1 Knoten machen. Die Zitrone auspressen und die Zanderfilets mit Zitronensaft beträufeln. Die Filets mit je 1 Prise Salz und Pfeffer würzen und mit Folie abgedeckt in den Kühlschrank stellen.

2. Das Gemüse waschen und putzen. Den Zucchino in dünne Streifen schneiden. Den Kohlrabi schälen und klein würfeln. Die Möhren schälen und schräg in dünne Scheiben schneiden. Die Frühlingszwiebeln halbieren und in etwa 2 cm lange Stücke schneiden. Den Dill waschen, trockenschwenken, die Blätter von den Stielen zupfen und grob hacken.

3. Die Butter erhitzen, das vorbereitete Gemüse dazugeben und bei mittlerer Hitze anbraten. Mit der Fischbrühe ablöschen, je 1 Prise Salz, Pfeffer und Zucker und etwas Dill dazugeben. Die Zanderfilets auf das Gemüse setzen und bei schwacher Hitze zugedeckt etwa 10 Minuten dünsten.

4. Die Zanderfilets aus dem Topf nehmen, auf einen Teller legen und warm stellen. Das Gemüse mit Salz und Pfeffer abschmecken, auf vier Tellern anrichten und die Zanderfilets darauf setzen.

Zubereitungszeit:
ca. 40 Minuten

Serviertipp
Zu dem Zander auf Gartengemüse passen hervorragend Kartoffelrösti. Die Rösti entweder frisch oder aus übrig gebliebenen Kartoffeln vom Vortag zubereiten.

Frühlingsfrisch schmeckt der Zander auf Gartengemüse (Bild Seite 38/39).

Gelingt leicht

Fischallerlei in Weinsauce

Für 4 Portionen

- 1 kg gemischte Fischfilets (z. B. Aal, Barsch, Forelle, Schleie)
- 2 Zitronen
- Salz
- Pfeffer
- 3 Zwiebeln
- 250 g Champignons
- 1 Bund Petersilie
- 1 Zweig Thymian
- 1 Zweig Rosmarin
- 100 g Butter
- 2–3 EL Cognac
- 500 ml Weißwein
- 1 Lorbeerblatt
- 150 g Crème fraîche

1. Die Fischfilets gründlich waschen, mit Küchenpapier trockentupfen und in mundgerechte Stücke schneiden. Die Zitronen auspressen. Die Fischstücke mit der Hälfte des Zitronensafts beträufeln, salzen, pfeffern und beiseite stellen.

2. Die Zwiebeln abziehen und klein hacken. Die Champignons putzen, vierteln und mit dem restlichen Zitronensaft vermischen, damit sie nicht braun werden. Die Kräuter waschen, trockenschwenken, die Blätter von den Stielen zupfen und klein schneiden.

3. Die Butter schmelzen, die Zwiebeln dazugeben und bei schwacher Hitze anbraten. Die Fischstücke dazugeben und etwa 1 Minute unter Wenden braten. Mit dem Cognac ablöschen und den Wein dazugießen.

4. Die Champignons, das Lorbeerblatt und die Kräuter dazugeben und alles etwa 8 Minuten bei schwacher Hitze garen. Die Crème fraîche einrühren und die Sauce ziehen, aber nicht mehr kochen lassen, bis sie sämig ist.

Zubereitungszeit: ca. 20 Minuten

Serviertipp

Breite Bandnudeln, kurz in Butter geschwenkt, schmecken als Beilage am besten zu diesem Fischgericht.

Raffiniert

Bachforelle auf Tomaten-Spinat-Bett

Für 4 Portionen

- 2 Bachforellen (etwa 800 g)
- 1 Zitrone
- Salz
- Pfeffer
- 500 g Blattspinat
- 2 Fleischtomaten
- 1 Knoblauchzehe
- 1 EL Pflanzenöl
- 50 ml Gemüsebrühe

Außerdem
- Folie zum Abdecken

1. Die Forellen säubern, unter fließendem, kaltem Wasser waschen und filetieren. Die Zitrone auspressen. Die Forellenfilets mit dem Zitronensaft beträufeln, salzen, pfeffern und mit Folie abgedeckt in den Kühlschrank stellen.

2. Den Spinat waschen, verlesen und abtropfen lassen. Die Fleischtomaten kreuzförmig einschneiden, mit kochendem Wasser überbrühen und abziehen. Die Stielansätze entfernen und die Tomaten in etwa 1 cm große Würfel schneiden. Den Knoblauch abziehen und fein hacken.

3. Das Öl erhitzen und den Knoblauch darin bei schwacher Hitze anbraten. Die Tomatenwürfel und den Spinat dazugeben, mit der Gemüsebrühe aufgießen, mit Salz und Pfeffer würzen und einmal durchrühren. Die Fischfilets auf das Gemüse legen und zugedeckt bei mittlerer Hitze etwa 5 Minuten dünsten.

4. Den Spinat und die Tomaten auf vier vorgewärmten Tellern anrichten und die Fischfilets darauf setzen.

Zubereitungszeit:
ca. 40 Minuten

Serviertipp
Eine Kerbelsauce (Rezept siehe hintere Umschlaginnenseite) und in Butter geschwenkte Kartoffeln sind ideale Begleiter für dieses köstliche Fischgericht.

Bachforelle auf Tomaten-Spinat-Bett (Bild rechts) gelingt leicht und schnell.

Braucht etwas Zeit

Aal in Rotweinsauce

Für 4 Portionen

- 1 Aal (etwa 1 kg)
- 2 Schalotten
- 2 Knoblauchzehen
- 2 Möhren
- 2 Stangen Staudensellerie
- 2 Zweige Rosmarin
- 2 Zweige Thymian
- 1 Bund Petersilie
- 1 rote Chilischote
- 2 EL Butter
- 1 EL Olivenöl
- 2 Lorbeerblätter
- 3 EL Tomatenmark
- 500 ml Rotwein
- Worcestersauce
- Salz
- Pfeffer

1. Den Aal säubern, unter fließendem, kaltem Wasser waschen und abtrocknen. Den Aal in etwa 4 cm große Stücke schneiden und beiseite stellen.

2. Die Schalotten und den Knoblauch abziehen und klein hacken. Die Möhren schälen und in kleine Würfel schneiden. Den Staudensellerie waschen, putzen und in feine Scheiben schneiden. Die Kräuter waschen, trockenschwenken, die Blätter von den Stielen zupfen und grob hacken. Die Chilischote längs halbieren, Kerne und Trennwände entfernen und die Hälften klein hacken.

3. Die Butter und das Olivenöl erhitzen, das Gemüse, die gehackten Kräuter, die Chilischote und die Lorbeerblätter dazugeben und bei mittlerer Hitze anbraten, bis sie leicht gebräunt sind. Die Aalstücke dazugeben und ebenfalls anbraten. Das Tomatenmark unterrühren, mit dem Rotwein aufgießen und den Aal offen 20 Minuten schmoren, bis die Flüssigkeit zur Hälfte verdampft ist, dabei gelegentlich umrühren. Das Gericht mit einigen Spritzern Worcestersauce, Salz und Pfeffer abschmecken.

Zubereitungszeit:
ca. 1 Stunde

Serviertipp
Servieren Sie zu diesem kräftigen Aalgericht Ihre Lieblingsnudeln.

Tipp

Verwenden Sie zum Kochen einen trockenen Merlot. Er verleiht dem Gericht eine runde, samtige Note.

Für Gäste

Saibling auf Tomatenreis

Für 4 Portionen

- 2 Saiblinge (etwa 700 g)
- 1 Zitrone
- Salz
- Pfeffer
- 4 feste Tomaten
- 1,5 kg reife Tomaten
- Zucker
- 4 Schalotten
- 2 EL Olivenöl
- 120 g Risottoreis
- 3 EL geriebener Parmesan
- 50 g kalte Butter
- 10 g Pinienkerne
- 8 schwarze Oliven, entsteint
- 7 EL Olivenöl
- 250 ml trockener Weißwein

Außerdem
- Folie zum Abdecken

1. Die Saiblinge säubern, unter fließendem, kaltem Wasser waschen und filetieren, die Haut nicht entfernen. Die Zitrone auspressen. Die Filets mit Zitronensaft beträufeln, salzen, pfeffern und mit Folie abgedeckt in den Kühlschrank stellen.

2. Die Tomaten kreuzförmig einschneiden, mit kochendem Wasser überbrühen und abziehen. Die Stielansätze entfernen. Die festen Tomaten beiseite stellen. Die reifen Tomaten vierteln und mit Salz und Zucker im Mixer pürieren. Das Püree durch ein Sieb streichen und auffangen.

3. Für den Risotto die Schalotten abziehen und fein hacken. Das Olivenöl erhitzen und die Zwiebeln darin bei schwacher Hitze glasig braten. Den Reis dazugeben und unter Rühren anbraten. Mit Salz, Pfeffer und etwas Zucker würzen und den Tomatensaft angießen. Den Reis bei schwacher Hitze etwa 20 Minuten quellen lassen, hin und wieder umrühren. Die festen Tomaten in kleine Würfel schneiden. Die Tomatenwürfel, 2 Esslöffel Parmesan und die Butter unter den Reis heben.

4. Für den Pesto die Pinienkerne, die Oliven, den restlichen Parmesan und das Olivenöl mit dem Pürierstab pürieren und mit Salz und Pfeffer würzen.

5. In einer Pfanne Weißwein mit 250 Milliliter Wasser erhitzen und salzen. Die Filets mit der Haut nach unten in die Brühe legen und etwa 3 Minuten bei schwacher Hitze pochieren, dabei einmal wenden und etwa 1 Minute weitergaren. Der Fisch sollte innen noch etwas glasig sein.

6. Den Tomatenreis auf vier Tellern anrichten, die Filets darauf legen und mit dem Pesto bestreichen.

Zubereitungszeit:
ca. 50 Minuten

Raffiniert

Schleie auf grünen Bohnen

Für 4 Portionen

- 1 Schleie (etwa 1 kg)
- 1 Zitrone
- Salz
- Pfeffer
- 500 g grüne Bohnen
- 2 Schalotten
- 150 g durchwachsener Speck
- 1 EL Pflanzenöl
- 250 ml Gemüsebrühe

Außerdem
- Folie zum Abdecken

1. Die Schleie säubern, unter fließendem, kaltem Wasser waschen und filetieren. Die Zitrone auspressen. Die Filets mit dem Zitronensaft beträufeln, mit Salz und Pfeffer würzen und mit Folie abgedeckt in den Kühlschrank stellen.

2. Bohnen waschen und putzen. Schalotten abziehen und in kleine Stücke schneiden. Den Speck klein würfeln.

3. Das Öl erhitzen, die Schalotten darin bei schwacher Hitze anbraten, den Speck dazugeben und bei mittlerer Hitze kräftig anbraten. Die Bohnen dazugeben, kurz mitbraten, mit Gemüsebrühe aufgießen und mit Salz und Pfeffer abschmecken. Die Bohnen zugedeckt etwa 15 Minuten bei mittlerer Hitze dünsten.

4. Die Fischfilets auf dem Bohnengemüse verteilen und zugedeckt etwa 10 Minuten bei schwacher Hitze garen.

Zubereitungszeit:
ca. 50 Minuten

Gelingt leicht

Meerrettichsauce

Für 4 Portionen

- 1 EL Butter
- 1 EL Mehl
- 250 ml Fischbrühe (siehe Rezept Seite 13 oder fertige Brühe aus dem Glas)
- 1 EL frisch geriebener Meerrettich
- Salz
- weißer Pfeffer

Schleie auf grünen Bohnen schmeckt mit Meerrettichsauce noch einmal so gut (Bild rechts).

1. Die Butter leicht erhitzen, bis sie flüssig ist. Das Mehl hineinstäuben und mit einem Schneebesen unter Rühren anschwitzen, bis die Mischung keine Blasen mehr zeigt.

2. Die Fischbrühe nach und nach dazugeben und einmal aufkochen lassen, dabei immer wieder mit dem Schneebesen umrühren. Den Meerrettich dazugeben und die Sauce mit Salz und Pfeffer abschmecken.

Zubereitungszeit:
ca. 10 Minuten

Serviertipp
Die Meerrettichsauce passt ausgezeichnet zur Schleie auf grünen Bohnen (siehe oben).

Für Gäste

Zander mit Salbei auf Mangold

Für 4 Portionen

- 1 Zander (etwa 1,5 kg)
- 1 Zitrone
- Salz
- Pfeffer
- 12 Salbeiblätter
- 1 Staude Mangold
- 1 Knoblauchzehe
- 20 g Butter
- 50 ml Fischbrühe (siehe Rezept Seite 13 oder fertige Brühe aus dem Glas)
- 50 g Sahne
- frisch geriebene Muskatnuss
- 2 EL gehackte Walnüsse

Außerdem
- Küchengarn

1. Den Zander säubern und unter fließendem, kaltem Wasser waschen. Den Kopf entfernen und den Fisch in etwa 5 cm dicke Scheiben schneiden. Die Zitrone auspressen. Die Zanderscheiben auf beiden Seiten mit Zitronensaft beträufeln, salzen und pfeffern.

2. Jede Scheibe rechts und links der Rückengräte einschneiden. Je 1 Salbeiblättchen in die beiden Einschnitte und in die Innenseite der Scheiben legen. Die Bauchlappenstücke übereinander schlagen, so dass Röllchen entstehen. Die Röllchen mit Küchengarn zusammenbinden und kalt stellen.

3. Den Mangold putzen, waschen und den Staudenansatz abschneiden. Die Stiele in schmale Streifen und die Blätter klein schneiden. Den Knoblauch abziehen und klein hacken. Die Butter erhitzen und den Knoblauch darin bei schwacher Hitze anbraten. Den Mangold dazugeben, mit der Fischbrühe ablöschen, salzen, pfeffern und umrühren.

4. Die Zanderröllchen auf den Mangold legen und zugedeckt 8 bis 10 Minuten bei schwacher Hitze dünsten. Die Fischröllchen auf vier vorgewärmten Tellern anrichten. Die Sahne unter den Mangold rühren und kurz aufkochen. Mit Salz, Pfeffer und Muskat abschmecken. Den Mangold zu den Zanderröllchen auf die Teller geben und mit den Walnüssen bestreuen.

Zubereitungszeit:
ca. 40 Minuten

Serviertipp
Als Beilage schmecken in Butter gebratene Kartoffelscheiben sehr gut dazu.

Braucht etwas Zeit

Gefüllter Karpfen

Für 4 Portionen

- 1 Karpfen (etwa 2,5 kg)
- Salz
- Pfeffer
- 2 Zitronen
- 4 Zwiebeln
- 1 Bund Petersilie
- 3 Sardellenfilets
- 100 g Butter
- 3 Eier
- Semmelbrösel
- Petersilienwurzel
- 250 ml Fischbrühe (siehe Rezept Seite 13 oder fertige Brühe aus dem Glas)

Außerdem

- Folie zum Abdecken
- Küchengarn

1. Den Karpfen säubern und unter fließendem, kaltem Wasser waschen. Den Karpfen mit einem scharfen Messer von beiden Seiten alle 2 cm leicht einschneiden. Innen und außen mit Salz und Pfeffer würzen. Die Zitronen auspressen. Den Karpfen mit Zitronensaft beträufeln und mit Folie abgedeckt in den Kühlschrank stellen.

2. Die Zwiebeln abziehen, 2 Zwiebeln klein hacken und die restlichen achteln. Die Zwiebelachtel beiseite stellen. Die Petersilie waschen, trockenschwenken, die Blätter von den Stielen zupfen und fein hacken. Die Sardellenfilets klein schneiden.

3. Für die Füllung die Hälfte der Butter schmelzen und in einer Schüssel mit den Quirlen des Handrührgerätes schaumig rühren. Eier, gehackte Zwiebeln, Petersilie und Sardellenstückchen dazugeben, alles mischen und mit Salz und Pfeffer abschmecken. So viel Semmelbrösel dazugeben, bis ein lockerer Teig entsteht.

4. Den Karpfen aus dem Kühlschrank nehmen, die Bauchhöhle mit der Füllung füllen und mit Küchengarn zunähen. Den Backofen auf 150 °C (Umluft 130 °C, Gas Stufe 1–2) vorheizen. Die Petersilienwurzel putzen, schälen und in Scheiben schneiden.

5. Die restliche Butter in einer Kasserolle erhitzen und den Karpfen darin von beiden Seiten bei mittlerer Hitze 2 bis 3 Minuten anbraten. Die Zwiebelachtel und Petersilienwurzelscheiben um den Karpfen herum verteilen, mit der Fischbrühe aufgießen. Den Karpfen im heißen Backofen auf der mittleren Schiene 45 Minuten dünsten, dabei ab und zu mit der Flüssigkeit aus der Kasserolle begießen.

Arbeitszeit: ca. 55 Minuten
Garzeit: 45 Minuten

Serviertipp
Eine ungewöhnliche, aber ausgezeichnete Beilage zum Gefüllten Karpfen ist Rotkohl – möglichst frisch zubereitet.

Originell

Barbe im Wirsingmantel

Für 4 Portionen

- 1 Barbe (etwa 1,5 kg)
- 1 Knoblauchzehe
- 100 g Sahne
- 3 EL gestoßenes Eis
- ½ Bund Dill
- Salz
- Pfeffer
- 8–10 Wirsingblätter

1. Die Barbe säubern und filetieren. Das Fischfilet in den Mixer geben.

2. Den Knoblauch abziehen und dazugeben. Sahne und Eis ebenfalls dazugeben und alles zu einer geschmeidigen Farce pürieren. Die Farce durch ein feines Sieb in eine Schüssel streichen. Den Dill waschen, trockenschwenken, die Blätter abzupfen und unterrühren. Mit Salz und Pfeffer abschmecken.

3. Die Wirsingblätter waschen, die dicke Mittelrippe flach schneiden. Reichlich Salzwasser zum Kochen bringen, die Wirsingblätter darin etwa 8 Minuten kochen. Die Blätter kalt abschrecken und abtropfen lassen.

4. Ein Wirsingblatt nach dem anderen in die Vertiefung eines Schöpflöffels legen. Je etwas Farce auf das Blatt geben, dieses oben zusammenfalten und fest drücken. Die Wirsingröllchen mit der Faltstelle nach unten auf einen Dämpfeinsatz legen. Wasser zum Kochen bringen, den Dämpfeinsatz hineinstellen und die Röllchen bei mittlerer Hitze 10 bis 15 Minuten garen.

Zubereitungszeit:
ca. 1 Stunde

Gelingt leicht

Kapernsauce

Für 4 Portionen

- 125 ml Weißwein
- 500 g Sahne
- 100 g eingelegte Kapern
- 1 Tomate
- 1 EL Butter
- Salz
- Pfeffer

Für Gemüseliebhaber: Barbe im Wirsingmantel mit Kapernsauce (Bild rechts).

1. Den Weißwein erhitzen und bei mittlerer Hitze um die Hälfte einkochen. Die Sahne dazugeben und einige Minuten bei mittlerer Hitze einkochen lassen.

2. Inzwischen die Kapern abtropfen lassen. Die Tomate waschen, den Stielansatz entfernen und die Tomate in kleine Stücke schneiden.

3. Die Butter, die Tomatenstückchen und die Kapern in die Sauce geben und bei schwacher Hitze etwa 3 Minuten ziehen lassen. Die Kapernsauce mit Salz und Pfeffer abschmecken.

Zubereitungszeit:
ca. 15 Minuten

Serviertipp
Die Kapernsauce zur Barbe im Wirsingmantel (siehe oben) reichen.

Bergerac Sec

Raffiniert

Aal auf Fenchelgemüse

Für 4 Portionen

- 2 junge Aale (etwa 1 kg)
- 1 Zitrone
- Salz
- Pfeffer
- 2 Fenchelknollen
- 2 Schalotten
- 2 Tomaten
- 2 EL Olivenöl
- 2 EL brauner Zucker
- 500 ml dunkles Bier

Außerdem
- Folie zum Abdecken

1. Die Aale säubern, unter fließendem, kaltem Wasser waschen und die Köpfe entfernen. Die Aale mit Haut in etwa 7 cm lange Stücke schneiden. Die Zitrone auspressen. Die Aalstücke mit dem Zitronensaft beträufeln, mit Salz und Pfeffer würzen und mit Folie abgedeckt in den Kühlschrank stellen.

2. Den Fenchel waschen, putzen, halbieren und in Streifen schneiden. Die Schalotten abziehen und in Ringe schneiden. Die Tomaten kreuzförmig einschneiden, mit kochendem Wasser überbrühen und abziehen. Die Stielansätze entfernen und die Tomaten in Viertel oder Achtel schneiden.

3. Das Olivenöl in einer Pfanne erhitzen. Die Schalotten und den Fenchel dazugeben und bei schwacher Hitze anbraten. Den Zucker darüber streuen und karamellisieren lassen. Die Tomatenachtel unterrühren. Die Aalstücke auf dem Gemüse verteilen und mit Salz und Pfeffer würzen. Das Bier angießen und den Aal zugedeckt etwa 15 Minuten bei schwacher Hitze dünsten.

Zubereitungszeit:
ca. 50 Minuten

Serviertipp
Das Gericht am besten mit knusprig-frischem Weißbrot servieren.

Info

Junge Aale sind ideal zum Dünsten und bekommen auf einem Gemüsebett oder in einem Weißweinsud ein besonderes Aroma. Sie haben noch eine zarte Haut und müssen – im Gegensatz zu älteren oder ausgewachsenen Aalen – nicht gehäutet werden. Aale gehören zu den Knorpelfischen und sind grätenfrei.

Der kräftige Geschmack des Fenchels harmoniert sehr gut mit Aal (Bild rechts).

Raffiniert

Lachsforelle mit Senfsauce

Für 4 Portionen

- 1 Lachsforelle (etwa 1,5 kg)
- 1 Stange Lauch
- ¼ Sellerie
- 1 Zwiebel
- 1 Bund Petersilie
- 1 Lorbeerblatt
- 1 Gewürznelke
- 4–5 Pfefferkörner
- 1 EL Schmand
- 80 g mittelscharfer Senf
- 80 g kalte Butter
- 1 EL Sahne
- Salz
- Pfeffer

1. Die Lachsforelle säubern, unter fließendem, kaltem Wasser waschen und filetieren. Mit einer Pinzette die restlichen Gräten aus den Filets entfernen. Die Filets in mundgerechte Stücke schneiden. Die Fischreste in einen Topf mit 750 Milliliter kaltem Wasser geben.

2. Den Lauch putzen, waschen und klein schneiden. Den Sellerie schälen und in kleine Würfel schneiden. Die Zwiebel abziehen und vierteln. Die Petersilie waschen und trockenschwenken. Das Gemüse, die Petersilie und die Gewürze in den Topf zu den Fischresten geben, zum Kochen bringen und bei schwacher Hitze etwa 20 Minuten ziehen lassen.

3. Die Brühe durch ein feines Sieb in einen anderen Topf abgießen und wieder aufkochen. Die Filetstücke in die Fischbrühe geben und bei schwacher Hitze etwa 10 Minuten ziehen lassen. Den Fisch herausnehmen und warm stellen.

4. Für die Sauce 500 Milliliter von der Fischbrühe in einen Topf geben. Den Schmand und den Senf verrühren und in die Brühe einrühren. Die Brühe aufkochen lassen und die Butter in kleinen Stücken nach und nach unter die Sauce rühren. Die Sahne dazugeben, die Sauce glatt rühren und erwärmen, nicht mehr kochen.

5. Die Fischstücke auf vier Teller verteilen und mit der Senfsauce überziehen.

Zubereitungszeit:
ca. 1 Stunde 30 Minuten

Serviertipp
Zur Lachsforelle mit Senfsauce Salzkartoffeln und einen Kopfsalat mit einer süßen Sahnesauce reichen.

Für Gäste

Forelle Blau mit Estragonsauce

Für 4 Portionen

- 4 Forellen (etwa 1,2 kg)
- 1 Schalotte
- 1 Bund Estragon
- 1 Zitrone
- 100 ml trockener Weißwein
- 3 EL Estragonessig
- 6 Pfefferkörner
- Salz
- 3 Eigelbe
- 20 g Butter
- Cayennepfeffer

1. Die Forellen säubern, innen und außen unter fließendem, kaltem Wasser waschen, ohne die Haut zu verletzen.

2. Die Schalotte abziehen und vierteln. Den Estragon waschen, trockenschwenken, die Hälfte für den Sud beiseite legen und den restlichen Estragon hacken. Die Zitrone auspressen.

3. Für den Sud 2 Liter Wasser mit Zitronensaft, Weißwein, Estragonessig, Pfefferkörnern, Schalottenvierteln und Estragonzweigen aufkochen. Den Sud salzen und 10 Minuten ziehen lassen. Die Forellen in den Sud legen und bei schwacher Hitze 10 bis 12 Minuten garen. Der Sud sollte nicht mehr kochen.

4. Für die Sauce den gehackten Estragon mit 8 Esslöffeln Fischsud in eine kleine Schüssel geben. Für das Wasserbad Wasser in einem großen Topf erhitzen und die Schüssel hineinstellen. Die Eigelbe verquirlen und nach und nach über dem Wasserdampf mit dem Schneebesen aufschlagen, bis eine cremige Masse entsteht.

5. Die Butter zerlassen und tropfenweise unterschlagen. Die Sauce mit Salz, Cayennepfeffer und einigen Spritzern Estragonessig abschmecken. Die Forellen aus dem Sud nehmen, kurz abtropfen lassen und mit der Estragonsauce anrichten.

Zubereitungszeit:
ca. 50 Minuten

Serviertipp
Reichen Sie zu den Forellen ganz klassisch Salzkartoffeln und einen grünen Salat mit einer Essig-Öl-Sauce.

Bratfisch mit Extras

Fisch aus der Pfanne oder dem Backofen schmeckt besonders gut, wenn er rundum knusprig ist. Mit Nüssen oder Sesamsamen paniert und in Butter oder Olivenöl gebraten wird Bratfisch zu einem unvergesslichen Genuss. Experimentieren Sie mit verschiedenen Geschmacksrichtungen:
Geben Sie Knoblauch oder frische Kräuter ins Bratfett, oder testen Sie ganz einfach die Rezepte auf den folgenden Seiten.

Braucht etwas Zeit

Karpfen mit Speck und Paprika

Für 4 Portionen

- 1 Karpfen (etwa 2,5 kg)
- 1 Zitrone
- Salz
- Pfeffer
- 5 Scheiben durchwachsener Speck
- 1 Bund Petersilie
- zerlassene Butter zum Bestreichen
- je 2 gelbe und rote Paprikaschoten
- 2 Schalotten
- 2 Knoblauchzehen

Im Ganzen auf einer Platte serviert ist Karpfen mit Speck und Paprika (Bild Seite 56/57) ein Augenschmaus.

1. Den Karpfen säubern und unter fließendem, kaltem Wasser waschen. Den Fisch rechts und links des Rückgrates einschneiden. Die Zitrone auspressen. Den Karpfen innen salzen, pfeffern und mit Zitronensaft beträufeln. Den Speck halbieren und rechts und links in die Einschnitte geben. Die Petersilie waschen, trockenschwenken und in die Bauchhöhle legen. Den Backofen auf 180 °C (Umluft 160 °C, Gas Stufe 2–3) vorheizen.

2. Eine geeignete Tasse so in die Bauchhöhle stecken, dass der Karpfen aufrecht stehen bleibt. Den Karpfen mit der Tasse auf ein Backblech setzen. Die Außenhaut salzen, pfeffern und mit Butter einstreichen. Den Karpfen im heißen Backofen auf der zweiten Schiene von unten 1 Stunde braten. Den Karpfen zwischendurch immer wieder mit Butter bestreichen, damit er nicht austrocknet.

3. Inzwischen die Paprikaschoten halbieren, entkernen, die Hälften waschen und in Streifen schneiden. Die Schalotten und den Knoblauch abziehen und vierteln. Paprikastreifen, Schalotten und Knoblauch etwa 20 Minuten vor Ende der Garzeit um den Karpfen herum verteilen und mitgaren.

4. Den Karpfen aus dem Backofen nehmen, mit einem Messer am Rücken entlang einschneiden und die Filets ablösen. Das Gemüse mit Salz und Pfeffer abschmecken und mit den Karpfenfilets auf Tellern anrichten.

Arbeitszeit:
ca. 1 Stunde
Garzeit: 1 Stunde

Serviertipp
Zu diesem Gericht reichen Sie am besten Petersilienkartoffeln und zerlassene Butter.

Tipp

Ob ein ganzer Fisch gar ist, können Sie leicht feststellen, indem Sie kurz vor Ende der Garzeit einen Teil der Rückenflosse aus dem Fisch ziehen. Wenn an den Gräten kein Fleisch mehr haftet, ist der Fisch fertig.

Gelingt leicht

Zanderfilets in rosa Pfefferrahmsauce

Für 4 Portionen

- 1 Zander (etwa 1,5 kg)
- 1 unbehandelte Zitrone
- 1 Schalotte
- 20 g rosa Pfeffer (Schinusfrüchte)
- 50 ml Olivenöl
- 150 ml trockener Roséwein
- 200 g Sahne
- Salz
- Pfeffer
- Worcestersauce

Außerdem

- Folie zum Abdecken

1. Den Zander säubern, unter fließendem, kaltem Wasser waschen und filetieren, die Haut nicht entfernen. Die Bauchlappen entfernen und das Fischfilet einmal in der Mitte durchschneiden. Die Fischhaut mit einem sehr scharfen Messer im Abstand von etwa 1 cm einschneiden.

2. Die Zitrone heiß waschen, abtrocknen, die Schale abreiben und beiseite stellen. Die Zitrone auspressen. Die Zanderfilets mit dem Zitronensaft einreiben und mit Folie abgedeckt in den Kühlschrank stellen.

3. Die Schalotte abziehen und in feine Würfel schneiden. Von den rosa Pfefferkörnern etwa 10 Körner zum Garnieren beiseite legen, die restlichen mit einem großen Messer zerdrücken.

4. Die Hälfte des Olivenöls erhitzen und die Fischfilets darin von beiden Seiten bei mittlerer Hitze 3 bis 4 Minuten anbraten. Die Zanderfilets aus der Pfanne nehmen und warm stellen.

5. Das restliche Öl erhitzen, die Schalotten dazugeben und bei schwacher Hitze anbraten, mit dem Roséwein und der Sahne ablöschen. Die Sauce mit einem Pürierstab pürieren. Den zerdrückten rosa Pfeffer dazugeben und die Sauce 1 bis 2 Minuten bei schwacher Hitze einkochen lassen. Die Zitronenschale dazugeben, mit Salz, Pfeffer und einigen Spritzern Worcestersauce abschmecken.

6. Die Zanderfilets mit der Sauce auf Tellern anrichten und mit den restlichen rosa Pfefferkörnern bestreuen.

Zubereitungszeit:
ca. 30 Minuten

Serviertipp

Servieren Sie dazu Vollkornreis sowie einen Feldsalat mit Pinienkernen und einem Dressing aus Aceto balsamico und kaltgepresstem Olivenöl.

Braucht etwas Zeit

Marinierte Rotaugen

Für 4 Portionen

- 1 Möhre
- 1 Stange Lauch
- 2 Zwiebeln
- 700 ml Essig
- 6 Wacholderbeeren
- 1 EL Senfkörner
- 1 EL Pfefferkörner
- 1 Lorbeerblatt
- 8 Rotaugen (etwa 3,2 kg)
- Salz

Außerdem
- Mehl zum Wenden
- Butterschmalz zum Braten
- Folie zum Abdecken

1. Die Möhre schälen und in kleine Würfel schneiden. Den Lauch putzen, waschen und in Ringe schneiden. Die Zwiebeln abziehen und in Ringe schneiden. Für die Marinade den Essig, 300 Milliliter Wasser, Gewürze, Möhrenwürfel, Lauch- und Zwiebelringe in einen Topf geben, aufkochen und abkühlen lassen.

2. Die Rotaugen schuppen, säubern, unter fließendem, kaltem Wasser waschen und mit Küchenpapier trockentupfen. Innen und außen mit Salz einreiben und in Mehl wenden. Das Butterschmalz erhitzen und die Rotaugen darin bei mittlerer Hitze von beiden Seiten goldbraun braten.

3. Die Rotaugen in eine Schüssel legen, mit der Marinade übergießen und mit Folie abgedeckt 2 bis 3 Tage an einem kühlen Ort oder im Kühlschrank ziehen lassen.

Arbeitszeit:
ca. 40 Minuten
Marinierzeit: ca. 3 Tage

Serviertipp
Die marinierten Rotaugen schmecken mit knusprigen Bratkartoffeln besonders köstlich.

Info

Rotaugen sind Weißfische. Typisch für sie ist ein relativ festes Fleisch. Daher sollten Sie diesen Fisch auch etwas länger in der Marinade ziehen lassen, damit das Fleisch noch würziger schmeckt.

Deftiger Gaumengenuss für Geduldige: Marinierte Rotaugen (Bild rechts).

Für Gäste

Lachsforelle mit Sauerampfersauce

Für 4 Portionen

- 1 Lachsforelle (etwa 1,5 kg)
- 1 Zitrone
- 200 ml trockener Weißwein
- 50 ml trockener Wermut
- 200 ml Fischbrühe (siehe Rezept Seite 13 oder fertige Brühe aus dem Glas)
- 200 g Sahne
- 2 Hand voll Sauerampfer
- Salz
- Pfeffer
- Zucker
- 4 EL Olivenöl

Außerdem

- Folie zum Abdecken

1. Die Lachsforelle säubern, unter fließendem, kaltem Wasser waschen und filetieren. Mit einer Pinzette die restlichen Gräten entfernen. Die Zitrone auspressen. Die Forellenfilets mit Zitronensaft beträufeln und mit Folie abgedeckt in den Kühlschrank stellen.

2. Für die Sauce Wein, Wermut und Fischbrühe erhitzen und bei starker Hitze einige Minuten einkochen lassen. Die Hitze reduzieren, die Sahne einrühren und bei schwacher Hitze so lange kochen, bis die Sauce dicklich wird.

3. Den Sauerampfer waschen, trockenschwenken und einige schöne Blätter zum Garnieren beiseite legen. Vom Rest die Stiele entfernen, die Blätter eng zusammenrollen und in sehr feine Streifen schneiden. Die Sauerampferstreifen in die Sauce einrühren, mit Salz, Pfeffer und 1 Prise Zucker abschmecken. Den Topf von der Herdplatte nehmen und beiseite stellen.

4. Das Olivenöl in einer Pfanne erhitzen und die Filets darin bei mittlerer Hitze von beiden Seiten in je 5 Minuten goldbraun anbraten. Den Fisch auf vier Tellern mit der Sauce anrichten und mit den restlichen Sauerampferblättern garnieren.

Zubereitungszeit:
ca. 50 Minuten

Serviertipp
Mit Kartoffeln ist dieses Fischgericht ein Hochgenuss, aber auch Reis oder Nudeln passen sehr gut dazu.

Tipp

Da Lachsforellenfilets relativ dick sind, sollten Sie vor dem Braten zwei Bögen Pergamentpapier mit etwas Olivenöl bestreichen, die Filets dazwischenlegen und die Päckchen mit der Hand etwas flach drücken.

Für Gäste

Zanderfilets in Sherryrahm

Für 4 Portionen

- 1 Zander (etwa 1,5 kg)
- 1 Zitrone
- 2 Schalotten
- 2 Frühlingszwiebeln
- 1 Bund Petersilie
- 1 Bund Dill
- 1 EL Pflanzenöl
- 250 ml Fischbrühe (siehe Rezept Seite 13 oder fertige Brühe aus dem Glas)
- 125 ml Sherry (Cream)
- 125 g Crème fraîche
- Salz
- weißer Pfeffer
- 1 Eigelb
- 3 EL Butter

Außerdem
- Folie zum Abdecken
- Mehl zum Bestäuben

1. Den Zander säubern, unter fließendem, kaltem Wasser waschen und mit Haut filetieren. Die Zitrone auspressen. Die Zanderfilets mit Zitronensaft beträufeln und mit Folie abgedeckt in den Kühlschrank stellen.

2. Die Schalotten abziehen und fein hacken, die Frühlingszwiebeln putzen, waschen und in Ringe schneiden. Petersilie und Dill waschen, trockenschwenken, die Blätter von den Stielen zupfen und grob hacken.

3. Das Öl erhitzen, die Schalotten dazugeben und bei schwacher Hitze anbraten. Mit Fischbrühe und Sherry ablöschen und etwa 10 Minuten bei schwacher Hitze kochen. Die Crème fraîche unterrühren, Petersilie, Dill und Frühlingszwiebeln dazugeben. Die Sauce mit Salz und Pfeffer abschmecken. Das Eigelb unterziehen und den Sherryrahm nicht mehr kochen lassen.

4. Die Zanderfilets salzen, pfeffern und mit Mehl bestäuben. Die Butter in einer Pfanne erhitzen und die Zanderfilets darin bei mittlerer Hitze von jeder Seite in 6 bis 7 Minuten hellbraun braten. Die Filets mit dem Sherryrahm auf Tellern anrichten.

Zubereitungszeit:
ca. 40 Minuten

Serviertipp
Zur Abrundung des feinen Geschmacks reichen Sie am besten Basmatireis dazu.

Tipp

Wenn Sie einen ganzen Zander verwenden, lohnt es sich, die Fischbrühe frisch zuzubereiten (Rezept siehe Seite 13).

Info

Das Filetieren des Zanders samt Haut schützt die zarten Filets während des Bratens vor dem Auseinanderfallen.

Gelingt leicht

Felchenfilets in fruchtiger Sauce

Für 4 Portionen

- 2 Felchen (etwa 800 g)
- 1 Zitrone
- Salz
- Pfeffer
- 4 unbehandelte Orangen
- 3 Scheiben Ananas
- 1 Ei
- 2 EL Mehl
- 80 g Mandelblättchen
- 4 EL Olivenöl
- 2 Zweige Zitronenmelisse

Nicht nur Obstfans lassen sich von Felchenfilets in fruchtiger Sauce (Bild rechts) begeistern.

1. Die Felchen säubern, unter fließendem, kaltem Wasser waschen und filetieren. Mit der Pinzette die restlichen Gräten von den Filets entfernen. Die Zitrone auspressen. Die Felchenfilets mit Zitronensaft beträufeln und mit Salz und Pfeffer würzen.

2. 2 Orangen heiß waschen, abtrocknen und die Schale mit einem Zestenreißer in feinen Streifen abziehen. Die Orangen auspressen und den Saft beiseite stellen. Die restlichen Orangen schälen, dabei auch die weiße Haut entfernen, und die Fruchtfilets herausschneiden. Die Ananasscheiben schälen und in Stücke schneiden.

3. Das Ei aufschlagen und in einem tiefen Teller verquirlen. Die Felchenfilets nacheinander in Mehl, im Ei und in den Mandelblättchen wenden und die Panade andrücken. Das Olivenöl in einer Pfanne erhitzen und die Felchenfilets darin bei mittlerer Hitze von jeder Seite 3 Minuten goldbraun braten. Auf einen Teller geben und warm stellen.

4. Den Orangensaft in die Pfanne geben und den Bratenfond damit ablösen. Orangenfilets, Orangenschale und Ananasstücke dazugeben und den Saft bei mittlerer Hitze einkochen lassen.

5. Inzwischen die Zitronenmelisse waschen, trockenschwenken, die Blätter von den Stielen zupfen, eventuell die größeren Blätter klein schneiden und unter die Sauce ziehen. Mit Salz und Pfeffer abschmecken. Die Fischfilets mit der Sauce auf Tellern anrichten.

Zubereitungszeit:
ca. 40 Minuten

Variante

Liebhaber exotischer Gaumenfreuden können für diese fruchtige Sauce statt Ananas auch frische Mango in Stücken verwenden.

Serviertipp

Servieren Sie zu diesem exotischen Gericht am besten Basmatireis.

Gelingt leicht

Schleienfilets mit Frühlingszwiebeln

Für 4 Portionen

- 1 Schleie (etwa 1 kg)
- 1 Zitrone
- 16 Frühlingszwiebeln
- 40 g Butter
- 100 ml trockener Weißwein
- Salz
- Pfeffer
- 125 g Sahne
- 2 EL eingelegte Kapern
- 2 Eier
- frisch geriebene Muskatnuss
- 4 EL griffiges Mehl
- 4 EL Sesamsamen
- 4 EL Olivenöl

Außerdem
- Folie zum Abdecken

1. Die Schleie säubern, unter fließendem, kaltem Wasser waschen und filetieren. Die Zitrone auspressen. Die Filets mit dem Zitronensaft einreiben und mit Folie abgedeckt in den Kühlschrank stellen.

2. Die Frühlingszwiebeln putzen, waschen und in 5 cm lange Stücke schneiden. Die Butter erhitzen, die Frühlingszwiebeln dazugeben und bei schwacher Hitze anbraten. Mit Weißwein ablöschen und mit 1 Prise Salz und Pfeffer würzen. Die Frühlingszwiebeln zugedeckt bei schwacher Hitze etwa 20 Minuten dünsten.

3. Die Frühlingszwiebeln herausnehmen. Sahne und Kapern zur verbliebenen Flüssigkeit geben und bei schwacher Hitze 2 bis 3 Minuten kochen lassen. 1 Ei trennen und das Eiweiß zum Panieren beiseite stellen. Das Eigelb verquirlen, unter die Sauce ziehen und diese mit Salz, Pfeffer und Muskatnuss abschmecken. Die Frühlingszwiebeln dazugeben und erwärmen, die Sauce nicht mehr kochen.

4. Das übrige Ei aufschlagen und mit dem restlichen Eiweiß in einem tiefen Teller verquirlen. Die Fischfilets nacheinander im Mehl, im Ei und in den Sesamsamen wenden und die Panade andrücken. Das Olivenöl in einer Pfanne erhitzen und die Fischfilets darin bei mittlerer Hitze von jeder Seite 3 bis 4 Minuten goldbraun braten. Mit den Frühlingszwiebeln auf vier Tellern anrichten.

Zubereitungszeit:
ca. 50 Minuten

Gelingt leicht

Forelle mit Parmesan

Für 4 Portionen

- 4 Forellen (etwa 1,2 kg)
- 4 EL Olivenöl
- 40 g feines Maismehl
- 40 g frisch geriebener Parmesan
- Salz
- Pfeffer
- 2 EL Butter
- 2 Bund Petersilie
- 1 Zweig Rosmarin
- 3 Zitronen
- 10 Knoblauchzehen
- 125 ml trockener Weißwein
- 4 EL eingelegte Kapern mit Saft
- einige Blätter Zitronenmelisse

1. Von den Forellen den Kopf und den Schwanz abschneiden. Die Fische säubern, unter fließendem, kaltem Wasser waschen und mit 1 Esslöffel Olivenöl einreiben. Maismehl, Parmesan, Salz und 1 Prise Pfeffer vermischen, die Forellen darin wenden und großzügig mit der Panade bedecken.

2. In einer Pfanne das restliche Olivenöl und die Butter erhitzen. Die Forellen darin bei mittlerer Hitze von jeder Seite etwa 8 Minuten anbraten, herausnehmen, auf einer Platte anrichten und warm stellen.

3. Petersilie waschen, trockenschwenken, die Blätter von den Stielen zupfen und grob hacken. Vom Rosmarinzweig die Nadeln abzupfen. 2 Zitronen auspressen.

4. Den Knoblauch abziehen, fein hacken, in die Pfanne geben und bei schwacher Hitze anbraten. Wein, Petersilie, Rosmarin, Kapern und Zitronensaft hinzufügen und die Flüssigkeit etwa 5 Minuten bei schwacher Hitze reduzieren. Mit Salz und Pfeffer abschmecken.

5. Die restliche Zitrone in Scheiben schneiden. Die Forellen auf der Platte mit der Weinsauce übergießen und mit Zitronenscheiben sowie Zitronenmelisseblättern garnieren.

Zubereitungszeit:
ca. 50 Minuten

Serviertipp
Ein Gemüserisotto als Beilage unterstreicht die italienische Geschmacksrichtung dieses köstlichen Fischgerichts.

Rustikal

Waller mit Senf-Kräuter-Sauce

Für 4 Portionen

- 1,2 kg Wallerfilets
- Salz
- Pfeffer
- 2 Eiweiße
- 2 EL Speisestärke
- 100 g Sesamsamen
- 4 EL Butter
- 2 EL Mehl
- 500 ml kalte Milch
- 1 Bund Schnittlauch
- 1 Bund Dill
- 4 EL mittelscharfer Senf
- Salz
- Pfeffer
- 2 EL Olivenöl

Raffiniert paniert: Waller mit Senf-Kräuter-Sauce (Bild rechts).

1. Die Filets unter fließendem, kaltem Wasser waschen, trockentupfen und mit Salz und Pfeffer würzen. Die Eiweiße schaumig schlagen, die Speisestärke unterrühren und die Masse auf einen flachen Teller geben. Die Sesamsamen auf einen zweiten flachen Teller geben. Die Filets nacheinander im Eiweiß und in den Sesamsamen wenden, die Panade fest andrücken und die Filets kalt stellen.

2. Für die Sauce 2 Esslöffel Butter bei mittlerer Hitze zerlassen, das Mehl hineinstäuben und so lange rühren, bis die Mischung keine Blasen mehr zeigt. Die kalte Milch nach und nach unterrühren, kräftig aufschlagen und aufkochen lassen. Die Sauce durch ein Sieb gießen, in einem Topf auffangen und nochmals erhitzen.

3. Schnittlauch und Dill waschen und trockenschwenken. Den Schnittlauch in Röllchen schneiden und den Dill von den Stielen zupfen. Die Kräuter mit dem Senf unter die Sauce mischen. Die Sauce mit Salz und Pfeffer abschmecken.

4. Die restliche Butter und das Olivenöl in einer Pfanne erhitzen und die Filets darin bei mittlerer Hitze von beiden Seiten goldbraun braten. Die Filets mit der Sauce auf vier Tellern anrichten.

Zubereitungszeit:
ca. 50 Minuten

Serviertipp
Salzkartoffeln oder Kartoffelkroketten und ein Blattsalat mit einer Essig-Öl-Sauce runden das Fischgericht ab.

Raffiniert

Barbe in roter Paprikasauce

Für 4 Portionen

- 1 Barbe (etwa 1,8 kg)
- Salz
- Pfeffer
- 4 rote Chilischoten
- 2 rote Paprikaschoten
- 4 Knoblauchzehen
- 4 Schalotten
- 250 ml Pflanzenöl
- 2 EL brauner Zucker
- 100 ml Fischbrühe (siehe Rezept Seite 13 oder fertige Brühe aus dem Glas)
- ½ Bund Basilikum

Außerdem
- Mehl zum Bestäuben

1. Die Barbe säubern, unter fließendem, kaltem Wasser waschen und trockentupfen. Die Barbe mit einem scharfen Messer auf beiden Seiten bis kurz vor der Mittelgräte alle 2 cm über Kreuz einschneiden, mit Salz und Pfeffer würzen und mit Mehl bestäuben.

2. Die Chilischoten waschen, längs halbieren, die Kerne und die Trennwände entfernen und die Hälften in kleine Stücke schneiden. Die Paprikaschoten halbieren, die Stielansätze, Kerne und Trennwände entfernen und die Hälften in Streifen schneiden. Den Knoblauch und die Schalotten abziehen. Knoblauch fein hacken, Schalotten in feine Ringe schneiden.

3. Für die Sauce 1 Esslöffel Öl erhitzen, alle vorbereiteten Zutaten bis auf den Fisch dazugeben und bei mittlerer Hitze anbraten. Den Zucker darüber streuen und so lange rühren, bis er karamellisiert ist. Mit der Fischbrühe ablöschen und etwa 5 Minuten kochen lassen.

4. In einer ausreichend großen Pfanne das restliche Öl erhitzen und die Barbe darin bei mittlerer Hitze von jeder Seite in 8 Minuten knusprig braun braten.

5. Das Basilikum waschen und trockenschwenken. Die Blätter von den Stielen zupfen, grob hacken und unter die Sauce rühren. Mit Salz und Pfeffer abschmecken. Die Barbe filetieren und mit der roten Paprikasauce auf vier Tellern anrichten.

Zubereitungszeit:
ca. 40 Minuten

Variante
Je nach Vorliebe und Geschmack können Sie für dieses Gericht andere grätenreiche Fische verwenden. Sehr gut schmecken Rotaugen, Brachsen oder Schleien.

Info

Wenn Sie den Fisch wie im Rezept beschrieben einschneiden, gart er wesentlich schneller. Die kleinen Gräten werden durch das heiße Fett zerstört, so dass Sie den Fisch ungestört genießen können.

Für Gäste

Aalrutte mit Zitronensauce

Für 4 Portionen

- 4 Aalrutten (etwa 1,2 kg)
- Salz
- Pfeffer
- 400 g grüner Spargel
- 1 Bund Schnittlauch
- 1 Bund Dill
- 1 Schalotte
- 1 unbehandelte Zitrone
- 1 TL Butter
- 50 ml trockener Weißwein
- 1 Schale Kresse
- 1 EL Butterschmalz

Außerdem
- Folie zum Abdecken

1. Die Aalrutten säubern, die Lebern beiseite legen. Die Fische unter fließendem, kaltem Wasser waschen und mit Küchenpapier trockentupfen. Von beiden Seiten mit Salz und Pfeffer würzen. Die Fische mit Folie abgedeckt in den Kühlschrank stellen.

2. Den Spargel waschen, putzen und nur das untere Drittel schälen. Schnittlauch und Dill waschen und trockenschwenken. Den Schnittlauch in Röllchen schneiden, den Dill von den Stielen zupfen und klein hacken. Die Schalotte abziehen und klein schneiden. Die Zitrone heiß waschen, abtrocknen und die Schale abreiben. Die Zitrone auspressen.

3. Die Butter erhitzen und die Schalotte darin bei schwacher Hitze anbraten. Zitronenschale, Zitronensaft und Weißwein dazugeben und bei mittlerer Hitze leicht reduzieren. Die Kresse waschen, mit der Küchenschere abschneiden und mit den anderen Kräutern unter die Sauce rühren.

4. Salzwasser zum Kochen bringen und den Spargel darin etwa 8 Minuten kochen. Das Butterschmalz erhitzen und die Aalrutten darin bei mittlerer Hitze 5 Minuten braten. Die Fische wenden, die Fischlebern dazugeben und weitere 5 Minuten braten. Den Spargel abgießen und abtropfen lassen.

5. Die Aalrutten, die gebratenen Lebern und den Spargel auf Tellern dekorativ anrichten und mit der Zitronensauce servieren.

Zubereitungszeit:
ca. 40 Minuten

Serviertipp
Frische Pellkartoffeln aus neuer Ernte sind ideal als Beilage, gut schmecken aber auch Schwäbische Hochzeitsnudeln dazu.

Tipp

Die Aalrutte besitzt eine übergroße Leber. Achten Sie beim Ausnehmen darauf, dass sie nicht verletzt wird. In Butter gebraten ist sie eine Delikatesse.

Asiatisch

Karpfen süßsauer

Für 4 Portionen

- 1 Karpfen (etwa 1,5 kg)
- 2 Knoblauchzehen
- 2 EL Ingwer
- 4 EL süße Sojasauce
- 2 EL Honig
- 4 EL Olivenöl
- 4 getrocknete Mu-Err-Pilze
- 2 Möhren
- 4 Frühlingszwiebeln
- 1 Bund Staudensellerie
- 1 rote Chilischote
- 3 Scheiben Ananas
- 3 EL Speisestärke
- Öl zum Anbraten
- 2 EL Tomatenketchup
- 2 EL brauner Zucker
- Salz
- Pfeffer

Außerdem
- Folie zum Abdecken

Exotische Würze macht den Karpfen süßsauer (Bild rechts) zum Erlebnis.

1. Den Karpfen säubern, unter fließendem, kaltem Wasser waschen und filetieren. Die Filets in mundgerechte Stücke schneiden und in eine Schüssel geben. Den Knoblauch abziehen und fein hacken. Den Ingwer schälen und ebenfalls fein hacken. Knoblauch, Ingwer, Sojasauce, Honig und Olivenöl verrühren, zu den Fischstücken geben und alles vermischen. Mit Folie abgedeckt in den Kühlschrank stellen.

2. Die Mu-Err-Pilze mit kochendem Wasser übergießen und etwa 30 Minuten einweichen. Die Möhren schälen und in Scheiben schneiden. Die Frühlingszwiebeln putzen, waschen und in 3 cm lange Stücke schneiden.
Den Staudensellerie putzen, waschen und in Scheiben schneiden. Die Chilischote waschen, längs halbieren, Kerne und Trennwände entfernen und die Hälften in Streifen schneiden. Die Ananasscheiben schälen und in Stücke schneiden.

3. Die Speisestärke auf einen kleinen Teller geben, die Fischstücke aus der Marinade nehmen und in der Speisestärke wenden. Öl in einem Wok erhitzen, die Fischstückchen bei mittlerer Hitze nacheinander knusprig anbraten, auf das Abtropfgitter des Woks legen oder warm stellen.

4. Die Möhren und den Staudensellerie in den Wok geben und etwa 1 Minute unter Rühren scharf anbraten. Das Tomatenketchup dazugeben, den Zucker darüber streuen und so lange rühren, bis der Zucker karamellisiert ist. Die Chilischoten, die Ananasstücke und die Frühlingszwiebeln dazugeben, mit der Fischmarinade aufgießen. Alles etwa 3 bis 4 Minuten bei mittlerer Hitze dünsten. Mit Salz, Pfeffer und Sojasauce abschmecken. Das Gemüse auf Tellern anrichten und die Fischstücke darauf geben.

Zubereitungszeit:
ca. 50 Minuten

Serviertipp
Zu diesem leichten Wokgericht schmecken am besten Reis- oder Glasnudeln.

Raffiniert

Felchenfilets mit Äpfeln

Für 4 Portionen

- 4 Felchen (etwa 1,2 kg)
- 1 Zitrone
- Salz
- Pfeffer
- 2 EL Rosinen
- 4 Äpfel
- 50 g Mehl
- 4 EL Butter
- 4 EL Apfelschnaps
- 4 EL Butter
- 20 g Mandelblättchen

Außerdem
- Folie zum Abdecken

1. Die Felchen säubern, unter fließendem, kaltem Wasser waschen und filetieren. Die Zitrone auspressen, 1 Esslöffel Saft abnehmen und beiseite stellen. Die Filets mit restlichem Zitronensaft beträufeln, salzen, pfeffern und mit Folie abgedeckt in den Kühlschrank stellen.

2. Die Rosinen mit heißem Wasser übergießen und einweichen. Die Äpfel waschen, abtrocknen, vom Kerngehäuse befreien, in feine Scheiben schneiden und mit dem restlichen Zitronensaft beträufeln.

3. Die Felchenfilets in Mehl wenden. 2 Esslöffel Butter erhitzen und die Filets darin bei mittlerer Hitze von beiden Seiten goldbraun braten. Inzwischen die Rosinen abtropfen lassen.

4. In einer zweiten Pfanne die restliche Butter erhitzen, die Apfelscheiben und die Rosinen dazugeben und in der Butter schwenken. Mit dem Apfelschnaps ablöschen und alles mit 1 Prise Salz abschmecken.

5. Die restliche Butter in einem kleinen Topf erhitzen, bis sie schäumt. Die Apfel-Rosinen-Mischung auf Teller verteilen, die Felchenfilets darauf anrichten, die Mandelblättchen darüber streuen und alles mit der schäumend heißen Butter übergießen.

Zubereitungszeit:
ca. 40 Minuten

Serviertipp
Zu den Felchenfilets mit Äpfeln passt am besten Kartoffelpüree.

Für Gäste

Karpfen mit Bier-Senf-Sauce

Für 4 Portionen

- 1 Karpfen (etwa 1,5 kg)
- Salz
- Pfeffer
- 1 Bund Petersilie
- 50 g Mehl
- 40 g Butterschmalz
- 1 l Weißbier
- 2 Schalotten
- ½ Bund Schnittlauch
- 250 ml Fischbrühe (siehe Rezept Seite 13 oder fertige Brühe aus dem Glas)
- 1 TL Senfkörner
- 80 g kalte Butter
- 3 EL Senf

1. Den Karpfen säubern, unter fließendem, kaltem Wasser waschen und mit Küchenpapier trockentupfen. Innen mit Salz und Pfeffer würzen. Die Petersilie waschen, trockenschwenken und in die Bauchhöhle legen. Den Karpfen mit dem Mehl bestäuben. Den Backofen auf 180 °C (Umluft 160 °C, Gas Stufe 2–3) vorheizen.

2. In einem Bräter das Butterschmalz erhitzen und den Karpfen darin bei mittlerer Hitze goldbraun braten. Im heißen Backofen auf der zweiten Schiene von unten in 25 Minuten fertig garen, nach 5 Minuten Garzeit 500 Milliliter Bier darüber gießen. Während der restlichen Garzeit den Karpfen öfters mit dem eigenen Saft begießen.

3. Die Schalotten abziehen und klein schneiden. Den Schnittlauch waschen, trockenschwenken und in Röllchen schneiden. Die Fischbrühe mit dem restlichen Bier, den Schalotten und Senfkörnern aufkochen und auf die Hälfte reduzieren.

4. Den Karpfen aus dem Backofen nehmen und warm stellen. Den Bratfond in die Sauce geben und nochmals einkochen lassen. Bei schwacher Hitze die kalte Butter einrühren, bis eine sämige Sauce entsteht. Den Senf und die Schnittlauchröllchen unterrühren und die Sauce mit Salz und Pfeffer abschmecken. Den Karpfen auf einer Platte anrichten und die Bier-Senf-Sauce getrennt dazu servieren.

Zubereitungszeit:
ca. 50 Minuten

Serviertipp
Zu diesem deftigen Fischgericht schmecken Semmelknödel besonders gut.

Info

Durch Abziehen der weißen Bauchhaut erreichen Sie, dass der Karpfen nicht »muffig« schmeckt. Denn in der Bauchhaut befinden sich Aromastoffe aus dem Darm, die beim Erhitzen auf das Karpfenfleisch übergehen würden.

Knusprig und ofenfrisch

Fisch in würzigen Saucen oder mit Käse überbacken schmeckt einfach unwiderstehlich. Daher sollten Sie sich diese frisch aus dem Backofen kommenden Köstlichkeiten nicht entgehen lassen. Auch wer es lieber umhüllt oder mit Kräuterkruste mag, kommt in diesem Kapitel ganz auf seine Kosten. Zum Gelingen braucht zwar alles seine Zeit, aber der Aufwand lohnt sich – und Ihre Tischgäste werden begeistert sein!

Raffiniert

Lachsforelle mit Kräuterkruste

Für 4 Portionen

- 1 Lachsforelle (etwa 1,5 kg)
- 1 Zitrone
- 2 Stangen Lauch
- Salz
- je 1 Bund Estragon, Dill, Petersilie und Basilikum
- 2 Scheiben Toastbrot
- 100 g weiche Butter
- 1 Eigelb
- Pfeffer
- 2 EL Butterschmalz
- 125 g Sahne
- 5 EL Pernod
- 2 EL kalte Butter

Außerdem

- Folie zum Abdecken

1. Die Lachsforelle säubern, unter fließendem, kaltem Wasser waschen und filetieren. Mit einer Pinzette die restlichen Gräten entfernen. Die Zitrone auspressen. Die Fischfilets mit dem Zitronensaft einreiben und mit Folie abgedeckt in den Kühlschrank stellen.

2. Den Lauch putzen, waschen und in Ringe schneiden. Salzwasser zum Kochen bringen und den Lauch darin 3 Minuten blanchieren, kalt abschrecken, abtropfen lassen und beiseite stellen.

3. Die Kräuter waschen, trockenschwenken, die Blätter von den Stielen zupfen und in den Mixer geben. Das Toastbrot von der Rinde befreien, mit der weichen Butter und dem Eigelb zu den Kräutern geben und alles grob pürieren. Mit Salz und Pfeffer abschmecken.

4. Das Butterschmalz erhitzen, die Fischfilets darin bei mittlerer Hitze von beiden Seiten in 5 Minuten anbraten, herausnehmen und beiseite stellen. Die Sahne und den Pernod in die Pfanne geben und bei mittlerer Hitze um die Hälfte einkochen lassen. Mit Salz und Pfeffer abschmecken. Die Pfanne vom Herd nehmen und die kalte Butter in Stücken einrühren. Den Backofen auf 180 °C (Umluft 160 °C, Gas Stufe 2–3) vorheizen.

5. Die Fischfilets auf der Oberseite mit der pürierten Kräutermasse bestreichen. Den Lauch in eine mittelgroße, feuerfeste Form geben und die Sauce darüber gießen. Die Forellenfilets mit der Kräuterkruste nach oben darauf legen und im heißen Backofen auf der mittleren Schiene etwa 15 Minuten überbacken.

Arbeitszeit: ca. 25 Minuten
Backzeit: ca. 15 Minuten

Pernod verleiht der Lachsforelle mit Kräuterkruste (Bild 76/77) Pfiff.

Gelingt leicht

Äschenfilets auf Pfifferlingen

Für 4 Portionen

- 800 g Äschenfilets
- 1 Zitrone
- Salz
- Pfeffer
- 250 g Pfifferlinge
- 1 Bund Petersilie
- 1 Bund Schnittlauch
- 1 Eigelb
- 125 g Sahne
- 1 Ei
- 100 g Semmelbrösel
- 40 g kalte Butter

Außerdem

- Butter für die Form

1. Die Fischfilets unter fließendem, kaltem Wasser waschen und mit Küchenpapier trockentupfen. Die Zitrone auspressen. Die Fischfilets mit dem Zitronensaft beträufeln und mit Salz und Pfeffer würzen.

2. Die Pfifferlinge waschen und putzen. Die Kräuter waschen und trockenschwenken. Die Petersilienblätter von den Stielen zupfen und klein hacken. Den Schnittlauch in Röllchen schneiden.

3. Eine mittelgroße Auflaufform einfetten. Die Pfifferlinge mit den Kräutern mischen, in der Form verteilen und Salz und Pfeffer darüber streuen. Eigelb und Sahne verquirlen und über die Pfifferlinge gießen. Den Backofen auf 180 °C (Umluft 160 °C, Gas Stufe 2–3) vorheizen.

4. Das Ei aufschlagen und in einem tiefen Teller verrühren. Die Semmelbrösel auf einen zweiten Teller geben. Die Fischfilets nacheinander im Ei und in den Semmelbröseln wenden, auf die Pfifferlinge legen und die weiche Butter in Flöckchen darauf verteilen. Die panierten Filets im heißen Backofen auf der mittleren Schiene etwa 20 Minuten backen.

Arbeitszeit: ca. 25 Minuten
Backzeit: ca. 20 Minuten

Variante
Die Pfifferlinge können Sie, je nach Geschmack, auch durch Champignons, Austernpilze oder Shiitakepilze ersetzen.

Serviertipp
Das Gericht mit Zitronenscheiben garnieren und mit breiten Bandnudeln servieren.

Tipp

Wenn nötig, die Fischfilets zusätzlich mit etwas zerlassener Butter begießen, damit die Kruste schön knusprig wird.

Für Gäste

Seeforelle im Teigmantel

Für 4 Portionen

- 400 g Weizenvollkornmehl
- 200 g Butter
- Salz
- 600 g Seeforellenfilets
- 1 Zitrone
- Pfeffer
- 100 g Vollkornreis
- 1 Zwiebel
- 100 g Champignons
- 2 Möhren
- 1 Stange Lauch
- 3 EL Pflanzenöl
- 1 Bund Petersilie
- 1 Bund Schnittlauch
- 1 EL Majoranblätter
- 4 Zweige Basilikum
- frisch geriebene Muskatnuss

Außerdem
- Folie zum Einwickeln des Teiges
- Mehl für die Arbeitsfläche
- 1 Ei zum Bestreichen
- Backpapier für das Backblech

Nicht nur optische Reize bietet die köstliche Seeforelle im Teigmantel (Bild rechts).

1. Das Vollkornmehl, die Butter, 125 Milliliter Wasser und 1½ Teelöffel Salz rasch zu einem glatten Teig verkneten, diesen in Folie wickeln und etwa 1 Stunde im Kühlschrank ruhen lassen.

2. Die Fischfilets säubern, unter fließendem, kaltem Wasser waschen und in mundgerechte Stücke schneiden. Die Zitrone auspressen. Die Filets mit Zitronensaft beträufeln, salzen und pfeffern und mit Folie abgedeckt in den Kühlschrank stellen.

3. Salzwasser zum Kochen bringen. Den Reis dazugeben und bei schwacher Hitze 30 bis 40 Minuten ausquellen lassen. Die Zwiebel abziehen und fein würfeln. Die Champignons putzen und in Scheiben schneiden. Die Möhren schälen und fein raspeln. Den Lauch putzen, waschen und in feine Ringe schneiden.

4. Für die Füllung das Öl erhitzen und die Zwiebeln darin bei schwacher Hitze anbraten. Champignons, Möhrenraspel und Lauchringe dazugeben und 3 Minuten bei schwacher Hitze dünsten. Die Kräuter waschen und trockenschwenken. Die Petersilienblätter abzupfen und grob hacken. Den Schnittlauch in Röllchen schneiden. Reis, gedünstetes Gemüse, Kräuter und Fischstücke vermischen und beiseite stellen.

5. Den Backofen auf 200 °C (Umluft 180 °C, Gas Stufe 3–4) vorheizen. Den Teig auf einer bemehlten Arbeitsfläche etwa 3 mm dick zu einem 30 × 40 cm großen Rechteck ausrollen. Die Teigplatte längs halbieren und die Füllung auf eine Hälfte geben. Ringsum einen 3 cm breiten Rand frei lassen. Das Ei trennen. Den Teigrand mit dem Eiweiß bestreichen, die zweite Teighälfte auf die Füllung legen und die Ränder fest andrücken. Mit dem restlichen Teig die Oberseite verzieren. Das Eigelb verquirlen und die Oberseite des Teigmantels damit bestreichen.

6. Ein Backblech mit Backpapier auslegen und den Fisch im Teigmantel darauf setzen. Im heißen Backofen auf der mittleren Schiene etwa 25 Minuten backen.

Arbeitszeit: ca. 50 Minuten
Ruhezeit: ca. 1 Stunde
Backzeit: ca. 25 Minuten

Gelingt leicht

Zanderauflauf

Für 4 Portionen

- 500 g Zanderfilet
- 1 unbehandelte Zitrone
- Salz
- 1 Bund Dill
- 2 Eier
- Worcestersauce
- 4 EL Crème fraîche
- Pfeffer

Außerdem
- Butter für die Form

1. Die Zitrone heiß waschen, abtrocknen, die Schale dünn abreiben, die Zitrone auspressen. Den Fisch unter fließendem, kaltem Wasser waschen, mit Küchenpapier trockentupfen, mit dem Zitronensaft beträufeln und salzen. Den Backofen auf 200 °C (Umluft 180 °C, Gas Stufe 2–3) vorheizen.

2. Den Dill waschen, trockenschwenken, von den Stielen zupfen und klein hacken. Dill, Eier, einige Spritzer Worcestersauce, Crème fraîche und die Zitronenschale in eine Schüssel geben und mit einem Schneebesen verrühren. Die Dillsauce mit Salz und Pfeffer abschmecken.

3. Eine mittelgroße Auflaufform mit Butter einfetten. Das Zanderfilet hineinlegen, mit der Dillsauce übergießen und im heißen Backofen auf der mittleren Schiene etwa 25 Minuten garen, bis die Oberfläche goldbraun ist.

Zubereitungszeit:
ca. 50 Minuten

Braucht etwas Zeit

Karpfen im Bierteig

Für 4 Portionen

- 250 g Mehl
- 2 Eier
- Salz
- 500 ml helles Bier
- 400 g Karpfenfilet
- 1 Zitrone
- Pfeffer

Außerdem
- Folie zum Abdecken
- Fett zum Frittieren

1. Das Mehl in eine Rührschüssel sieben. Die Eier trennen und die Eiweiße beiseite stellen. Mehl, Salz, Eigelbe und Bier mit den Quirlen des Handrührgeräts zu einem geschmeidigen Teig verrühren. Den Teig mit Folie abdecken und 20 bis 30 Minuten im Kühlschrank quellen lassen.

2. Das Filet unter fließendem, kaltem Wasser waschen und in mundgerechte Stücke schneiden. Die Zitrone auspressen. Die Filetstücke mit Zitronensaft beträufeln und mit Salz sowie Pfeffer würzen.

3. Die Eiweiße zu Eischnee steif schlagen und unter den Teig heben. Das Frittierfett in einem Wok oder Topf erhitzen. Die Karpfenfilets nacheinander in den Bierteig tauchen und bei mittlerer Hitze goldbraun frittieren.

Zubereitungszeit:
ca. 50 Minuten

Raffiniert

Hechtfilets mit Parmesan

Für 4 Portionen

- 750 g Hechtfilet
- 1 Zitrone
- Salz
- Pfeffer
- je 1 Bund Schnittlauch, Dill und Estragon
- 1 Ei
- 150 g Sahne
- frisch geriebene Muskatnuss
- 500 g Brokkoli
- 60 g geriebener Parmesan

Außerdem
- Folie zum Abdecken

1. Die Hechtfilets unter fließendem, kaltem Wasser waschen. Die Zitrone auspressen. Die Filets mit Zitronensaft beträufeln, mit Salz und Pfeffer würzen und mit Folie abgedeckt in den Kühlschrank stellen. Den Backofen auf 180 °C (Umluft 160 °C, Gas Stufe 2–3) vorheizen.

2. Die Kräuter waschen und trockenschwenken. Den Schnittlauch in Röllchen schneiden. Den Dill und die Estragonblättchen von den Stielen zupfen und hacken. Das Ei trennen. Das Eigelb mit der Sahne verquirlen, die Kräuter unterrühren und mit Salz, Pfeffer sowie Muskatnuss würzen. Das Eiweiß zu Eischnee steif schlagen und unter die Sauce heben.

3. Den Brokkoli waschen und in kleine Röschen zerteilen. Salzwasser zum Kochen bringen und den Brokkoli darin etwa 3 Minuten blanchieren, kalt abschrecken und abtropfen lassen.

4. Die Brokkoliröschen in einer mittelgroßen Auflaufform verteilen, die Hechtfilets darauf legen und die Sauce darüber gießen. Die Hechtfilets mit dem Parmesan bestreuen und im heißen Backofen auf der mittleren Schiene in etwa 20 Minuten goldbraun backen.

Arbeitszeit: ca. 25 Minuten
Backzeit: ca. 20 Minuten

Serviertipp
Zu den Hechtfilets mit Parmesan servieren Sie am besten körnig gekochten Reis.

Braucht etwas Zeit

Waller-Gemüse-Lasagne

Für 4 Portionen

- 1 kleiner Waller (etwa 2 kg)
- 1 Zitrone
- Salz
- Pfeffer
- 2 Möhren
- 1 Stange Lauch
- 1 Zucchino
- 1 Bund Dill
- 125 ml Milch
- 125 g Sahne
- 150 g Edelschimmelkäse
- 2 Eier
- 125 g Lasagneblätter (ohne Vorkochen)
- 100 g geriebener Emmentaler

Außerdem
- Folie zum Abdecken
- Butter für die Form

Italienisch inspiriert ist die Waller-Gemüse-Lasagne (Bild rechts).

1. Den Waller säubern, unter fließendem, kaltem Wasser waschen und filetieren. Mit einer Pinzette die restlichen Gräten entfernen. Die Zitrone auspressen. Die Filets in mundgerechte Stücke schneiden, mit Zitronensaft beträufeln, mit Salz und Pfeffer würzen und mit Folie abgedeckt in den Kühlschrank stellen.

2. Den Backofen auf 180 °C (Umluft 160 °C, Gas Stufe 2–3) vorheizen. Die Möhren schälen. Den Lauch und den Zucchino putzen und waschen. Das Gemüse in feine Streifen schneiden. Den Dill waschen, trockenschwenken und grob hacken.

3. Milch und Sahne erhitzen, den Edelschimmelkäse darin schmelzen lassen. Die Eier verquirlen und einrühren, die Sauce nicht mehr kochen. Eine mittelgroße, rechteckige Auflaufform mit Butter einfetten.

4. Den Boden der Form mit Lasagneblättern auslegen. Ein Drittel der Sauce darauf geben, mit der Hälfte der Gemüsestreifen und der Fischstücke belegen, die Hälfte des Dills darüber streuen. Darauf eine weitere Schicht Lasagneblätter legen, ein Drittel Sauce, das restliche Gemüse, den Fisch und den Dill darauf geben. Mit den restlichen Lasagneblättern abdecken, die übrige Sauce darüber verteilen und den Emmentaler darüber streuen.

5. Die Lasagne im heißen Backofen auf der mittleren Schiene in 25 bis 30 Minuten goldbraun backen. Vor dem Servieren etwa 5 Minuten ruhen lassen.

Arbeitszeit: ca. 45 Minuten
Backzeit: ca. 30 Minuten

Variante
Wenn Sie die Lasagne noch pikanter mögen, mischen Sie einfach fein gehackte Sardellenfilets oder rote Chilischoten unter die Sauce.

Serviertipp
Reichen Sie zu diesem Gericht einen Tomatensalat mit fein gehackten Zwiebeln.

Braucht etwas Zeit

Aalrutte mit Mozzarella und Oliven

Für 4 Portionen

- 4 Aalrutten (etwa 2,4 kg)
- 1 Zitrone
- Salz
- 1 Zucchino
- 1 Zwiebel
- 1 Knoblauchzehe
- 3 Strauchtomaten
- 1 Bund Basilikum
- 125 g Mozzarella
- 80 g Butter
- 1 kleiner Zweig Rosmarin
- 100 g schwarze Oliven
- Pfeffer
- brauner Zucker
- Worcestersauce

Außerdem
- Folie zum Abdecken
- Butter für die Form
- Mehl zum Wenden

1. Die Aalrutten unter fließendem, kaltem Wasser säubern, die Leber jeweils nicht entfernen. Die Zitrone auspressen. Die Aalrutten salzen und innen und außen mit Zitronensaft beträufeln. Die Fische auf einen Teller legen und mit Folie abgedeckt im Kühlschrank ziehen lassen.

2. Den Zucchino waschen, putzen und in Scheiben schneiden. Die Zwiebel und den Knoblauch abziehen und klein hacken. Die Tomaten kreuzförmig einschneiden, mit kochendem Wasser überbrühen und abziehen. Die Stielansätze entfernen, die Tomaten halbieren, entkernen und in Würfel schneiden. Das Basilikum waschen, trockenschwenken, die Blätter von den Stielen zupfen und beiseite stellen. Mozzarella abtropfen lassen und in dünne Scheiben schneiden.

3. Die Hälfte der Butter zerlassen, die Zwiebeln und den Knoblauch darin bei schwacher Hitze anbraten. Den Rosmarinzweig und die Zucchinischeiben dazugeben und unter gelegentlichem Rühren bei mittlerer Hitze etwa 5 Minuten schmoren. Die Tomatenwürfel und die Oliven dazugeben und etwa 1 Minute mitschmoren. mit Salz, Pfeffer, Zucker und einigen Spritzern Worcestersauce würzen.

4. Den Backofen auf 180 °C (Umluft 160 °C, Gas Stufe 2–3) vorheizen. Eine mittelgroße Auflaufform mit Butter einfetten. Etwas Mehl auf einen Teller geben und die Fische darin wenden. Die restliche Butter in einer Pfanne erhitzen und die Fische darin bei mittlerer Hitze 3 bis 4 Minuten anbraten.

5. Die Aalrutten aus der Pfanne nehmen und in die Auflaufform legen. Basilikumblätter und Gemüse auf den Fischen verteilen und das Gemüse mit Mozzarellascheiben belegen. Das Gericht im heißen Backofen auf der mittleren Schiene etwa 10 Minuten überbacken, bis der Käse geschmolzen ist.

Arbeitszeit: ca. 10 Minuten
Backzeit: ca. 10 Minuten

Für Gäste

Gefüllte Lachsforelle mit Walnüssen

Für 4 Portionen

- 1 Lachsforelle (etwa 1 kg)
- 20 g getrocknete Steinpilze
- 200 g Schinkenspeck
- ½ Bund Schnittlauch
- ½ Bund Dill
- 100 g gehackte Walnüsse
- 200 g Frischkäse
- 1 Ei
- Salz
- Pfeffer
- 150 g Schinken
- 2 Zucchini
- 4 Tomaten
- 3 Knoblauchzehen
- 125 ml Weißwein

Außerdem

- Küchengarn

1. Die Lachsforelle säubern, unter fließendem, kaltem Wasser waschen und filetieren.

2. Die Pilze in warmem Wasser etwa 30 Minuten einweichen. Inzwischen den Schinkenspeck sehr fein würfeln, ohne Fett bei mittlerer Hitze knusprig braten und auf Küchenpapier abtropfen lassen. Die Kräuter waschen und trockenschwenken. Den Schnittlauch in Röllchen schneiden. Den Dill von den Stielen zupfen und fein hacken. Die Pilze abgießen und fein hacken. Für die Füllung Pilze, Walnüsse, Speckwürfel, Kräuter, Frischkäse und Ei verrühren. Mit Salz und Pfeffer würzen.

3. Die Füllung auf einem Fischfilet verteilen und flach drücken, das andere Filet darauf legen. Beide Filets mit dem Schinken umwickeln, so dass der gesamte Fisch eingepackt ist. Das Fischpäckchen mit Küchengarn umwickeln. Den Backofen auf 180 °C (Umluft 160 °C, Gas Stufe 2–3) vorheizen.

4. Die Zucchini waschen, putzen, längs halbieren und in Scheiben schneiden. Die Tomaten waschen, von den Stielansätzen befreien und würfeln. Den Knoblauch abziehen und fein hacken. Das Gemüse und den Knoblauch in eine mittelgroße Auflaufform geben, salzen und pfeffern, den Weißwein darüber gießen und das Fischpäckchen darauf legen. Den Fisch im heißen Backofen auf der mittleren Schiene in etwa 50 Minuten garen.

5. Den Fisch aus der Form nehmen, das Garn entfernen und die Lachsforelle mit einem scharfen Messer in 5 cm breite Scheiben schneiden. Mit dem Gemüse auf vier Tellern anrichten.

Zubereitungszeit:
ca. 1 Stunde 30 Minuten

Serviertipp

Zu der Gefüllten Lachsforelle passt aromatisch duftender Basmatireis.

Originell

Kräuterhecht im Salzteig

Für 4 Portionen

- 1 Hecht (etwa 2 kg)
- Saft von 1 Zitrone
- 1 Bund gemischte Kräuter (z. B. Schnittlauch, Petersilie, Dill)
- 8 Eiweiße
- 3 kg Salz
- 70 g Mehl

Außerdem
- Alufolie

1. Den Hecht säubern, die Bauchhöhle mit Zitronensaft beträufeln. Die Kräuter waschen, trockenschwenken und die Hälfte in die Bauchhöhle geben. Den Backofen auf 200 °C (Umluft 180 °C, Gas Stufe 3–4) vorheizen.

2. Für den Salzteig die Eiweiße verquirlen und mit dem Salz und dem Mehl vermischen. Ein Stück extra starke Alufolie in der Größe des Fisches ausschneiden und die Hälfte des Teiges darauf streichen. Ein Stück Alufolie in die Bauchöffnung des Hechtes geben, damit das Salz nicht eindringen kann.

3. Den Hecht mit der Breitseite auf den Salzteig legen, die übrigen Kräuter auf dem Hecht verteilen und den Hecht mit dem restlichen Salzteig ringsum einstreichen. Den Hecht auf das Backblech legen und im heißen Backofen auf der mittleren Schiene etwa 1 Stunde backen. Die Salzkruste mit einem Hammer aufschlagen, den Hecht vorsichtig herausnehmen und servieren.

Arbeitszeit:
ca. 40 Minuten
Backzeit: ca. 1 Stunde

Traditionell

Dillsauce

Für 4 Portionen

- 2 Schalotten
- 1 Bund Dill
- 1 EL Butter
- 250 ml Fischbrühe (siehe Rezept Seite 13 oder fertige Brühe aus dem Glas)
- 40 ml trockener Weißwein
- 150 g Crème fraîche
- Salz
- Pfeffer

Beeindruckt immer: Kräuterhecht im Salzteig (Bild rechts).

1. Die Schalotten abziehen und fein hacken. Den Dill waschen, trockenschwenken und die Blätter von den Stielen zupfen.

2. Die Butter in einem Topf erhitzen, die Schalotten darin bei schwacher Hitze anbraten, mit der Fischbrühe aufgießen und etwa zur Hälfte einkochen lassen. Dill, Weißwein und Crème fraîche dazugeben und unterrühren. Die Sauce mit Salz und Pfeffer abschmecken.

Zubereitungszeit:
ca. 15 Minuten

Serviertipp
Reichen Sie die Dillsauce zu dem Kräuterhecht im Salzteig (siehe oben).

Braucht etwas Zeit

Aal auf provenzalische Art

Für 4 Portionen

- 1 Zitrone
- 1 Aal (etwa 1 kg)
- Salz
- Pfeffer
- 8 Schalotten
- 5 Knoblauchzehen
- 500 g Tomaten
- 1 Bund Majoran
- 1 Bund Rosmarin
- 200 g Ziegenkäse
- 125 ml Rotwein
- Pfeffer aus der Mühle

1. Die Zitrone auspressen. Den Aal säubern, die Haut abziehen, den Fisch unter fließendem, kaltem Wasser waschen und in etwa 8 cm lange Stücke schneiden. Mit Salz und Pfeffer würzen und mit Zitronensaft beträufeln. Den Backofen auf 180 °C (Umluft 160 °C, Gas Stufe 2–3) vorheizen.

2. Die Schalotten und den Knoblauch abziehen, die Zwiebeln achteln und den Knoblauch in Scheiben schneiden. Die Tomaten waschen, von den Stielansätzen befreien und in Scheiben schneiden. Majoran und Rosmarin waschen und trockenschwenken. Die Majoranblätter von den Stielen zupfen und hacken. Von den Rosmarinzweigen die Nadeln abzupfen. Den Ziegenkäse halbieren und in Scheiben schneiden.

3. Tomatenscheiben und Schalottenachtel in eine mittelgroße Auflaufform geben, Knoblauch und Majoran darüber streuen. Den Rotwein dazugießen und mit Salz und Pfeffer würzen. Abwechselnd Aalstücke und Käsescheiben auf den Tomaten verteilen und diese mit Rosmarin und grob gemahlenem Pfeffer bestreuen. Den Aal im heißen Backofen auf der mittleren Schiene etwa 20 Minuten backen.

Serviertipp

Zu diesem mediterranen Aalgericht passen frisches französisches Baguette und eine gute Flasche Rotwein.

Arbeitszeit: ca. 30 Minuten
Backzeit: ca. 20 Minuten

Braucht etwas Zeit

Saibling im Blätterteig

Für 4 Portionen

- 1 Saibling (etwa 800 g)
- 1 Packung TK-Blätterteig (450 g)
- 500 g Weißfisch (z.B. Karpfen, Schleie)
- 50 g Sahne
- 50 g Crème fraîche
- 2 EL gestoßenes Eis
- 1 Zitrone
- Salz
- Cayennepfeffer
- 1 Staude Mangold

Außerdem
- Mehl für die Arbeitsfläche
- 1 Ei zum Bestreichen

1. Den Saibling säubern, unter fließendem, kaltem Wasser waschen, filetieren und von Haut und Gräten befreien.

2. Die Blätterteigscheiben auf einer Arbeitsfläche nebeneinander ausbreiten und auftauen lassen.

3. Für die Farce den Weißfisch säubern, unter fließendem, kaltem Wasser abwaschen und filetieren. Die Filets klein schneiden, in einen Mixer geben, nach und nach Sahne, Crème fraîche und Eis dazugeben und alles pürieren, bis eine geschmeidige Masse entstanden ist. Diese durch ein feines Sieb in eine Schüssel streichen. Die Zitrone auspressen. Die Farce mit Zitronensaft, Salz und Cayennepfeffer abschmecken.

4. Den Mangold putzen, von den groben Stielen und Rippen befreien und waschen. Salzwasser zum Kochen bringen und den Mangold darin etwa 1 Minute blanchieren, kalt abschrecken und abtropfen lassen. Die Mangoldblätter einzeln und leicht überlappend auslegen. Die Saiblingfilets darauf geben und die Mangoldblätter aufrollen.

5. Den Backofen auf 180 °C (Umluft 160 °C, Gas Stufe 2–3) vorheizen. Die Blätterteigplatten übereinander legen und auf einer bemehlten Arbeitsfläche zu einem nicht zu dünnen Rechteck ausrollen. Mit der Farce etwa 1,5 cm dick bestreichen, den Mangold mit den Filets darauf legen und mit der restlichen Farce bestreichen.

6. Das Ei trennen. Die Teigränder mit Eiweiß bestreichen. Den Blätterteig seitlich etwas einschlagen und von der Längsseite her locker aufrollen. Die Rolle mit dem restlichen Teig verzieren. Die Blätterteigrolle mit Eigelb bestreichen und im heißen Backofen auf der mittleren Schiene etwa 20 Minuten backen.

Arbeitszeit: ca. 1 Stunde
Backzeit: ca. 20 Minuten

Tipp

Für gestoßenes Eis wenig Wasser gefrieren lassen. Das Eis in ein Küchentuch wickeln und zum Zerkleinern mehrmals mit dem Nudelholz darauf schlagen.

Raffiniert

Zanderfilets in Chilisauce

Für 4 Portionen

- 800 g Zanderfilets
- 1 Zitrone
- Salz
- Pfeffer
- 1 rote Paprikaschote
- 300 g Mais (aus der Dose)
- 2 Eier
- 3 EL Crème fraîche
- 200 g geriebener Käse
- Cayennepfeffer
- 2 Zwiebeln
- 2 Knoblauchzehen
- 2 rote Chilischoten
- 5 Tomaten
- 1 Bund gemischte Kräuter (z. B. Petersilie, Schnittlauch, Dill)
- 2 EL Pflanzenöl
- 3 EL Gemüsebrühe

Außerdem
- Folie zum Abdecken
- Butter für die Form

Inspiriert von der Tex-Mex-Küche sind die Zanderfilets in Chilisauce (Bild rechts).

1. Die Zanderfilets unter fließendem, kaltem Wasser waschen und mit Küchenpapier trockentupfen. Die Zitrone auspressen. Die Filets mit Zitronensaft beträufeln, salzen, pfeffern und mit Folie abgedeckt in den Kühlschrank stellen.

2. Die Paprikaschote halbieren, den Stielansatz, die Kerne und Trennwände entfernen und die Hälften klein schneiden. Den Mais in ein Sieb geben, mit kaltem Wasser abspülen und abtropfen lassen. Die Eier trennen.

3. Die Eigelbe in den Mixer geben, Paprikastücke, Mais und Crème fraîche dazugeben und pürieren. Das Püree in eine Schüssel füllen. Die Eiweiße zu Eischnee steif schlagen und mit dem geriebenen Käse unter das Püree heben. Mit Salz und Cayennepfeffer würzen und beiseite stellen. Den Backofen auf 180 °C (Umluft 160 °C, Gas Stufe 2–3) vorheizen.

4. Die Zwiebeln und den Knoblauch abziehen und klein schneiden. Die Chilischoten waschen, längs halbieren, Kerne und Trennwände entfernen und die Hälften in kleine Stücke schneiden. Die Tomaten waschen, von den Stielansätzen befreien und in kleine Würfel schneiden. Die Kräuter waschen, trockenschwenken, die Blätter von den Stielen zupfen und klein hacken.

5. Das Öl erhitzen, die Zwiebeln und den Knoblauch darin bei schwacher Hitze anbraten. Chili, Tomaten und Kräuter dazugeben und mit der Gemüsebrühe aufgießen.
Die Sauce bei mittlerer Hitze etwa 5 Minuten kochen lassen, mit Salz und Pfeffer abschmecken.

6. Eine mittelgroße Auflaufform mit Butter einfetten, die Tomaten in die Form geben, die Zanderfilets darauf legen und das Paprika-Mais-Püree darauf verteilen. Die Zanderfilets im heißen Backofen auf der mittleren Schiene etwa 30 Minuten garen.

Arbeitszeit: ca. 40 Minuten
Garzeit: ca. 30 Minuten

Serviertipp
Den scharfen Auflauf mit Curryreis servieren.

Impressum

Die Deutsche Bibliothek – CIP-Einheitsaufnahme

Ein Titeldatensatz für diese Publikation ist bei Der Deutschen Bibliothek erhältlich.

Das Titelbild zeigt: Zanderfilets in rosa Pfefferrahmsauce, Rezept Seite 59.

Redaktion: Marina Zimdars
Projektleitung: Michaela Zelfel
Gestaltung: Ludwig Kaiser, München
Umschlagfoto und Foodfotos: Gerhard Poggenpohl, Sigmarszell
Fotos S. 6, 7: Gerhard Poggenpohl, Sigmarszell
Freisteller: Fotostudio Schmitz, München, und Verlagsarchiv
DTP und Litho: Uhl & Massopust, Aalen
Druck und Bindung: Offizin Andersen Nexö, Leipzig
Printed in Germany

ISBN 3-8043-6040-8

Gedruckt auf elementar chlorfrei gebleichtem Papier.

Rezepteregister

Zutatenregister